Libera tu creatividad con Canva

MOSTRARIO DE Fuentes

Patricia Hualpa

Dedicado a todos aquellos que dudan de su creatividad. Recuerda que somos chispa divina de creación y que la creatividad es un poder innato que reside en todos nosotros. Deseo que encuentres el coraje para dejar la autocrítica y te atrevas a liberar tu propia creatividad.

Agradecimientos

Deseo expresar mi más sincero y profundo agradecimiento a las personas e influencias que hicieron posible la creación de este libro:

Irina Grosu: Mi consejera, crítica y admiradora; eres la fuerza que me impulsó a emprender este proyecto. Eres motor, motivo e inspiración en todas mis creaciones.

Mis seres amados: A Valerio Hualpa, Iulian Grosu, Jenny Hualpa, María Hualpa, Pilar Hualpa y Yeny Hualpa. Gracias por su inquebrantable amor y confianza en todos mis proyectos. Mi mundo no sería lo mismo sin ustedes.

Los fundadores de Canva: Especialmente a Melanie Perkins, cuya visión de simplificar el diseño gráfico ha revolucionado la industria. Gracias por hacer accesible el diseño para todos.

Zelma Wong y Luisa Salcedo: Agradezco a estas distinguidas doctoras por brindarme constantemente su aliento y confianza.

Finalmente, mi gratitud a cada persona que encuentre valor y utilidad en este manual. Mi mayor deseo es que estas páginas te inspiren y te ayuden en la creación de tus diseño. Gracias por ser parte de esta experiencia.

Tabla de Contenido

Presentación

¡Hola!, soy Patricia Hualpa, y me considero una auténtica Canvalover! En mi experiencia como mamá, escritora y diseñadora, he descubierto en Canva una herramienta increíblemente poderosa para dar vida a mis ideas y transmitir pensamientos y emociones de manera impactante.

Las fuentes tipográficas desempeñan un papel esencial en la comunicación visual. Son como el tono de voz en una conversación: pueden ser amigables, serias, divertidas o elegantes, y transmiten un mensaje incluso antes de que alguien lea una sola palabra. En un buen libro, el tipo de letra y la presentación importan tanto como la narrativa misma. En Canva, las fuentes son las protagonistas de tus diseños. Ellas pueden darle personalidad a nuestra obra, hacer que el mensaje resalte y, en última instancia, conectar de manera más profunda con nuestra audiencia.

Esta guía tiene como objetivo que puedas fácilmente visualizar, identificar y seleccionar las **fuentes que Canva nos ofrece de manera gratuita.** Aprenderás a reconocerlas por su nombre y estilo, lo que hará que el proceso de elección de fuentes para tus diseños sea mucho más sencillo.

Prepárate para explorar el mundo de las fuentes en Canva, donde la creatividad no tiene límites y donde tus diseños pueden contar historias que dejen una huella imborrable.

Patricia Hualpa

Fuentes Caligráficas

Son aquellas fuentes que imitan la escritura a mano, con letras que se entrelazan entre sí. Las fuentes caligráficas ofrecen una amplia variedad de estilos, que van desde la elegancia hasta la diversión, abarcando incluso opciones más informales, como si las hubieses trazado personalmente en un papel. Estas fuentes son ideales para una amplia gama de diseños, incluyendo **invitaciones de bodas, tarjetas de felicitación, proyectos de papelería y logotipos personalizados**.

Aqui te muestro las fuentes caligráficas gratuitas más utilizadas de Canva.

Angella White

Soy una persona creativa llena de ideas innovadoras.

0123456789

ABCDEFGHIJKLM

NOPQRSTUVWXYZ

abcdefghijklmnopqrstuvwxyz

Alex Brush

Soy una persona creativa llena de ideas innovadoras.

0123456789

ABCDEFGHIJKLM

NOPQRSTUVWXYZ

abcdefghijklmnopqrstuvwxyz

Amsterdam Four

Soy una persona creativa llena de ideas innovadoras.

0123456789

ABCDEFGHIJKLM

NOPQRSTUVWXYZ

abcdefghijklmnopqrstuvwxyz

Fuentes Caligráficas

Son aquellas fuentes que imitan la escritura a mano, con letras que se entrelazan entre sí. Las fuentes caligráficas ofrecen una amplia variedad de estilos, que van desde la elegancia hasta la diversión, abarcando incluso opciones más informales, como si las hubieses trazado personalmente en un papel. Estas fuentes son ideales para una amplia gama de diseños, incluyendo **invitaciones de bodas, tarjetas de felicitación, proyectos de papelería y logotipos personalizados**.

Aqui te muestro las fuentes caligráficas gratuitas más utilizadas de Canva.

Angella White

Soy una persona creativa llena de ideas innovadoras.

0 1 2 3 4 5 6 7 8 9

A B C D E F G H I J K L M

N O P Q R S T U V W X Y Z

a b c d e f g h i j k l m n o p q r s t u v w x y z

Alex Brush

Soy una persona creativa llena de ideas innovadoras.

0 1 2 3 4 5 6 7 8 9

A B C D E F G H I J K L M

N O P Q R S T U V W X Y Z

a b c d e f g h i j k l m n o p q r s t u v w x y z

Amsterdam Four

Soy una persona creativa llena de ideas innovadoras.

0 1 2 3 4 5 6 7 8 9

A B C D E F G H I J K L M

N O P Q R S T U V W X Y Z

a b c d e f g h i j k l m n o p q r s t u v w x y z

Amsterdam One

Soy una persona creativa llena de ideas innovadoras.

0123456789

ABCDEFGHIJKLM
NOPQRSTUVWXYZ

abcdefghijklmnopqrstuvwxyz

Amsterdam Three

Soy una persona creativa llena de ideas innovadoras.

0123456789

ABCDEFGHIJKLM
NOPQRSTUVWXYZ

abcdefghijklmnopqrstuvwxyz

Amsterdam Two

Soy una persona creativa llena de ideas innovadoras.

0123456789

ABCDEFGHIJKLM
NOPQRSTUVWXYZ

abcdefghijklmnopqrstuvwxyz

Anastasia Script

Soy una persona creativa llena de ideas innovadoras.

0 1 2 3 4 5 6 7 8 9

A B C D E F G H I J K L M

N O P Q R S T U V W X Y Z

a b c d e f g h i j k l m n o p q r s t u v w x y z

Apricots

Soy una persona creativa llena de ideas innovadoras.

0 1 2 3 4 5 6 7 8 9

A B C D E F G H I J K L M

N O P Q R S T U V W X Y Z

a b c d e f g h i j k l m n o p q r s t u v w x y z

Better Saturday

Soy una persona creativa llena de ideas innovadoras.

0 1 2 3 4 5 6 7 8 9

A B C D E F G H I J K L M

N O P Q R S T U V W X Y Z

a b c d e f g h i j k l m n o p q r s t u v w x y z

Bright Sunshine

Soy una persona creativa llena de ideas innovadoras.

0 1 2 3 4 5 6 7 8 9

A B C D E F G H I J K L M

N O P Q R S T U V W X Y Z

a b c d e f g h i j k l m n o p q r s t u v w x y z

Brilliant Signature 3

Soy una persona creativa llena de ideas innovadoras.

0 1 2 3 4 5 6 7 8 9

A B C D E F G H I J K L M

N O P Q R S T U V W X Y Z

a b c d e f g h i j k l m n o p q r s t u v w x y z

Brittany

Soy una persona creativa llena de ideas innovadoras.

0 1 2 3 4 5 6 7 8 9

A B C D E F G H I J K L M

N O P Q R S T U V W X Y Z

a b c d e f g h i j k l m n o p q r s t u v w x y z

Callem

Soy una persona creativa llena de ideas innovadoras.

0 1 2 3 4 5 6 7 8 9

A B C D E F G H I J K L M

N O P Q R S T U V W X Y Z

a b c d e f g h i j k l m n o p q r s t u v w x y z

Charmonman

Soy una persona creativa llena de ideas innovadoras.

0 1 2 3 4 5 6 7 8 9

A B C D E F G H I J K L M

N O P Q R S T U V W X Y Z

a b c d e f g h i j k l m n o p q r s t u v w x y z

Chewy

Soy una persona creativa llena de ideas innovadoras.

0 1 2 3 4 5 6 7 8 9

A B C D E F G H I J K L M

N O P Q R S T U V W X Y Z

a b c d e f g h i j k l m n o p q r s t u v w x y z

Clicker Script

Soy una persona creativa llena de ideas innovadoras.
0 1 2 3 4 5 6 7 8 9
A B C D E F G H I J K L M
N O P Q R S T U V W X Y Z
a b c d e f g h i j k l m n o p q r s t u v w x y z

Dancing Script

Soy una persona creativa llena de ideas innovadoras.
0 1 2 3 4 5 6 7 8 9
A B C D E F G H I J K L M
N O P Q R S T U V W X Y Z
a b c d e f g h i j k l m n o p q r s t u v w x y z

Daydream

Soy una persona creativa llena de ideas innovadoras.
0 1 2 3 4 5 6 7 8 9
A B C D E F G H I J K L M
N O P Q R S T U V W X Y Z
a b c d e f g h i j k l m n o p q r s t u v w x y z

Euphoria Script

Soy una persona creativa llena de ideas innovadoras.

0 1 2 3 4 5 6 7 8 9

A B C D E F G H I J K L M

N O P Q R S T U V W X Y Z

a b c d e f g h i j k l m n o p q r s t u v w x y z

Gistesy

Soy una persona creativa llena de ideas innovadoras.

0 1 2 3 4 5 6 7 8 9

A B C D E F G H I J K L M

N O P Q R S T U V W X Y Z

a b c d e f g h i j k l m n o p q r s t u v w x y z

Give Your Glory

Soy una persona creativa llena de ideas innovadoras.

0 1 2 3 4 5 6 7 8 9

A B C D E F G H I J K L M

N O P Q R S T U V W X Y Z

a b c d e f g h i j k l m n o p q r s t u v w x y z

Gladiola

Soy una persona creativa llena de ideas innovadoras.

0 1 2 3 4 5 6 7 8 9

A B C D E F G H I J K L M

N O P Q R S T U V W X Y Z

a b c d e f g h i j k l m n o p q r s t u v w x y z

Gloria Hallelujah

Soy una persona creativa llena de ideas innovadoras.

0 1 2 3 4 5 6 7 8 9

A B C D E F G H I J K L M

N O P Q R S T U V W X Y Z

a b c d e f g h i j k l m n o p q r s t u v w x y z

Great Vibes

Soy una persona creativa llena de ideas innovadoras.

0 1 2 3 4 5 6 7 8 9

A B C D E F G H I J K L M

N O P Q R S T U V W X Y Z

a b c d e f g h i j k l m n o p q r s t u v w x y z

Halimum

Soy una persona creativa llena de ideas innovadoras.

0 1 2 3 4 5 6 7 8 9

A B C D E F G H I J K L M

N O P Q R S T U V W X Y Z

a b c d e f g h i j k l m n o p q r s t u v w x y z

Hibernate

Soy una persona creativa llena de ideas innovadoras.

0 1 2 3 4 5 6 7 8 9

A B C D E F G H I J K L M

N O P Q R S T U V W X Y Z

a b c d e f g h i j k l m n o p q r s t u v w x y z

Holiday

Soy una persona creativa llena de ideas innovadoras.

0 1 2 3 4 5 6 7 8 9

A B C D E F G H I J K L M

N O P Q R S T U V W X Y Z

a b c d e f g h i j k l m n o p q r s t u v w x y z

Homemade Apple

Soy una persona creativa llena de ideas innovadoras.

0 1 2 3 4 5 6 7 8 9

A B C D E F G H I J K L M
N O P Q R S T U V W X Y Z

abcdefghijklmnopqrstuvwxyz

Karumbi

soy una persona creativa llena de ideas innovadoras.

0 1 2 3 4 5 6 7 8 9

A B C D E F G H I J K L M
N O P Q R S T U V W X Y Z

a b c d e f g h i j k l m n o p q r s t u v w x y z

Lemon Tuesday

Soy una persona creativa llena ,e i,eas innova,oras.

0 1 2 3 4 5 6 7 8 9

A B C D E F G H I J K L M
N O P Q R S T U V W X Y Z

a b c , e f g h i j k l m n o p q r s t u v w x y z

Liana

Soy una persona creativa llena de ideas innovadoras.

0123456789

ABCDEFGHIJKLM

NOPQRSTUVWXYZ

abcdefghijklmnopqrstuvwxyz

Lifelogo

Soy una persona creativa llena de ideas innovadoras.

0123456789

ABCDEFGHIJKLM

NOPQRSTUVWXYZ

abcdefghijklmnopqrstuvwxyz

LJ Studios MB

Soy una persona creativa llena de ideas innovadoras.

0 1 2 3 4 5 6 7 8 9

A B C D E F G H I J K L M

N O P Q R S T U V W X Y Z

a b c d e f g h i j k l m n o p q r s t u v w x y z

Malibu

Soy una persona creativa llena de ideas innovadoras.

0123456789

A B C D E F G H I J K L M

N O P Q R S T U V W X Y Z

a b c d e f g h i j k l m n o p q r s t u v w x y z

Marline

Soy una persona creativa llena de ideas innovadoras.

0123456789

A B C D E F G H I

J K L M N O P Q R S T

U V W X Y Z

a b c d e f g h i j k l m n o p q r s t u v w x y z

Mistrully

Soy una persona creativa llena de ideas innovadoras.

0123456789

A B C D E F G H I J K L M

N O P Q R S T U V W X Y Z

a b c d e f g h i j k l m n o p q r s t u v w x y z

Moontime

Soy una persona creativa llena de ideas innovadoras.

0 1 2 3 4 5 6 7 8 9

A B C D E F G H I J K L M
N O P Q R S T U V W X Y Z
a b c d e f g h i j k l m n o p q r s t u v w x y z

Nefelibata Script

Soy una persona creativa llena de ideas innovadoras.

0 1 2 3 4 5 6 7 8 9

A B C D E F G H I J K L M
N O P Q R S T U V W X Y Z
a b c d e f g h i j k l m n o p q r s t u v w x y z

Over The Rainbow

Soy una persona creativa llena de ideas innovadoras.

0 1 2 3 4 5 6 7 8 9

A B C D E F G H I J K L M
N O P Q R S T U V W X Y Z
a b c d e f g h i j k l m n o p q r s t u v w x y z

Parisienne

Soy una persona creativa llena de ideas innovadoras.

0 1 2 3 4 5 6 7 8 9

A B C D E F G H I J K L M

N O P Q R S T U V W X Y Z

a b c d e f g h i j k l m n o p q r s t u v w x y z

Petit Formal

Soy una persona creativa llena de ideas innovadoras.

0 1 2 3 4 5 6 7 8 9

A B C D E F G H I J K L M

N O P Q R S T U V W X Y Z

a b c d e f g h i j k l m n o p q r s t u v w x y z

Playlist Script

Soy una persona creati a llena de ideas inno adoras.

0 1 2 3 4 5 6 7 8 9

A B C D E F G H I J K L M

N O P Q R S T U V W X Z

a b c d e f g h i j k l m n o p q r s t u w x y z

Pony Club

Soy una persona creativa llena de ideas innovadoras.

0 1 2 3 4 5 6 7 8 9

A B C D E F G H I J K L M

N O P Q R S T U V W X Y Z

a b c d e f g h i j k l m n o p q r s t u v w x y z

Russkopis

Soy una persona creativa llena de ideas innovadoras.

0 1 2 3 4 5 6 7 8 9

A B C D E F G H I J K L M

N O P Q R S T U V W X Y Z

a b c d e f g h i j k l m n o p q r s t u v w x y z

Sacramento

Soy una persona creativa llena de ideas innovadoras.

0 1 2 3 4 5 6 7 8 9

A B C D E F G H I J K L M

N O P Q R S T U V W X Y Z

a b c d e f g h i j k l m n o p q r s t u v w x y z

Shadow Script

Soy una persona creativa llena de ideas innovadoras.

0 1 2 3 4 5 6 7 8 9

A B C D E F G H I J K L M

N O P Q R S T U V W X Y Z

a b c d e f g h i j k l m n o p q r s t u v w x y z

Stars & Love

Soy una persona creativa llena de ideas innovadoras.

0 1 2 3 4 5 6 7 8 9

A B C D E F G H I J K L M

N O P Q R S T U V W X Y Z

a b c d e f g h i j k l m n o p q r s t u v w x y z

Tangerine

Soy una persona creativa llena de ideas innovadoras.

0 1 2 3 4 5 6 7 8 9

A B C D E F G H I J K L M

N O P Q R S T U V W X Y Z

a b c d e f g h i j k l m n o p q r s t u v w x y z

The Youngest Script

Soy una persona creativa llena de ideas innovadoras.

0 1 2 3 4 5 6 7 8 9

A B C D E F G H I J K L M

N O P Q R S T U V W X Y Z

a b c d e f g h i j k l m n o p q r s t u v w x y z

Themysion

Soy una persona creativa llena de ideas innovadoras.

0 1 2 3 4 5 6 7 8 9

A B C D E F G H I J K L M

N O P Q R S T U V W X Y Z

a b c d e f g h i j k l m n o p q r s t u v w x y z

TT Blackwards Script

Soy una persona creativa llena de ideas innovadoras.

0 1 2 3 4 5 6 7 8 9

A B C D E F G H I J K L M

N O P Q R S T U V W X Y Z

a b c d e f g h i j k l m n o p q r s t u v w x y z

TT Lovelies Script

Soy una persona creativa llena de ideas innovadoras.

0 1 2 3 4 5 6 7 8 9

A B C D E F G H I J K L M
N O P Q R S T U V W X Y Z
a b c d e f g h i j k l m n o p q r s t u v w x y z

Twister

Soy una persona creativa llena de ideas innovadoras.

0 1 2 3 4 5 6 7 8 9

A B C D E F G H I J K L M
N O P Q R S T U V W X Y Z
a b c d e f g h i j k l m n o p q r s t u v w x y z

Un Jour Merveilleux

Soy una persona creativa llena de ideas innovadoras.

0 1 2 3 4 5 6 7 8 9

A B C D E F G H I J K L M
N O P Q R S T U V W X Y Z
a b c d e f g h i j k l m n o p q r s t u v w x y z

Veles

Soy una persona creativa llena de ideas innovadoras.

0 1 2 3 4 5 6 7 8 9

A B C D E F G H I J K L M
N O P Q R S T U V W X Y Z

a b c d e f g h i j k l m n o p q r s t u v w x y z

Veryberry

Soy una persona creativa llena de ideas innovadoras.

0 1 2 3 4 5 6 7 8 9

A B C D E F G H I J K L M
N O P Q R S T U V W X Y Z

a b c d e f g h i j k l m n o p q r s t u v w x y z

Virtual

Soy una persona creativa llena de ideas innovadoras.

0 1 2 3 4 5 6 7 8 9

A B C D E F G H I J K L M
N O P Q R S T U V W X Y Z

a b c d e f g h i j k l m n o p q r s t u v w x y z

White Star

Soy una persona creativa llena de ideas innovadoras.

0123456789

ABCDEFGHIJKLM

NOPQRSTUVWXYZ

abcdefghijklmnopqrstuvwxyz

Yellowtail

Soy una persona creativa llena de ideas innovadoras.

0123456789

ABCDEFGHIJKLM

NOPQRSTUVWXYZ

abcdefghijklmnopqrstuvwxyz

Yummy

Soy una persona creativa llena de ideas innovadoras.

0123456789

ABCDEFGHIJKLM

NOPQRSTUVWXYZ

abcdefghijklmnopqrstuvwxyz

Misa Virtual
En memoria de nuestra Amada Madre
Nancy

Reprogramación para la
Abundancia
01.06.2022
Me siento rica y merecedora de la abundancia que hay en el universo.
Honro el dinero y el me honra a mi.
www.lamarujadigital.com

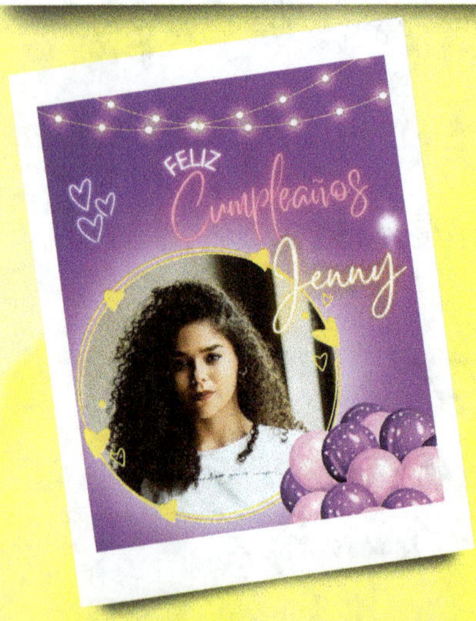
FELIZ
Cumpleaños
Jenny

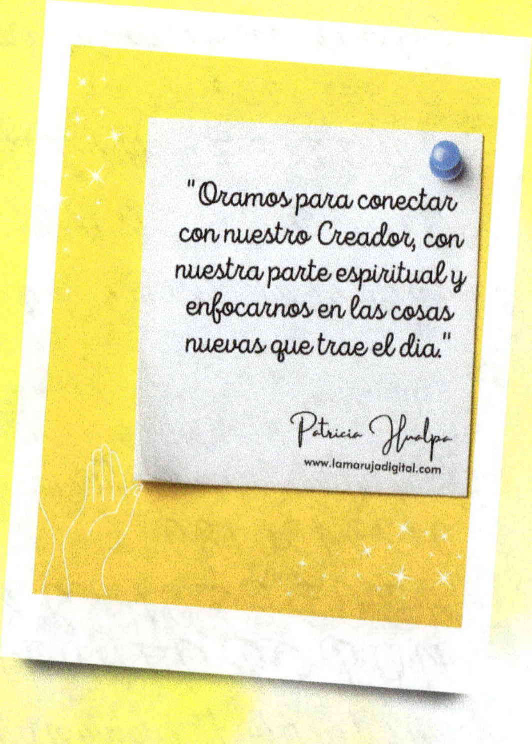
"Oramos para conectar con nuestro Creador, con nuestra parte espiritual y enfocarnos en las cosas nuevas que trae el dia."
Patricia Hualpa
www.lamarujadigital.com

Afirmación del día
Yo soy
Merecedora
- Louise Hay

Fuentes Decorativas

Este tipo de fuentes están llenas de detalles y ornamentos, lo que las hace destacar y atraer la atención. Son letras más artísticas que prácticas, y su principal función es agregar un toque especial, de alto impacto y único a un diseño.

Son ideales cuando deseamos crear algo llamativo, como **invitaciones para eventos** especiales, **logotipos** con personalidad o proyectos de diseño que requieren un toque creativo y distintivo como por ejemplo **empaques de productos.**

Ahsing

La creatividad es una parte esencial de mi ser.

0 1 2 3 4 5 6 7 8 9

A B C D E F G H I J K L M
N O P Q R S T U V W X Y Z

a b c d e f g h i j k l m n o p q r s t u v w x y z

Anaktoria

La creatividad es una parte esencial de mi ser.

0 1 2 3 4 5 6 7 8 9

A B C D E F G H I J K L M
N O P Q R S T U V W X Y Z

a b c d e f g h i j k l m n o p q r s t u v w x y z

Angelina

La creatividad es una parte esencial de mi ser.

0 1 2 3 4 5 6 7 8 9

A B C D E F G H I J K L M
N O P Q R S T U V W X Y Z

a b c d e f g h i j k l m n o p q r s t u v w x y z

Arturo

La creatividad es una parte esencial de mi ser.

0 1 2 3 4 5 6 7 8 9

A B C D E F G H I J K L M

N O P Q R S T U V W X Y Z

a b c d e f g h i j k l m n o p q r s t u v w x y z

Barbra

La creatividad es una parte esencial de mi ser.

0 1 2 3 4 5 6 7 8 9

A B C D E F G H I J K L M

N O P Q R S T U V W X Y Z

a b c d e f g h i j k l m n o p q r s t u v w x y z

Barriecito

La creatividad es una parte esencial de mi ser.

0 1 2 3 4 5 6 7 8 9

A B C D E F G H I J K L M

N O P Q R S T U V W X Y Z

a b c d e f g h i j k l m n o p q r s t u v w x y z

Bebas Neue Cyrillic

LA CREATIVIDAD ES UNA PARTE ESENCIAL DE MI SER.

0 1 2 3 4 5 6 7 8 9

A B C D E F G H I J K L M

N O P Q R S T U V W X Y Z

* No tiene tipografía en minúsculas

Black and White Picture

La creatividad es una parte esencial de mi ser.

0 1 2 3 4 5 6 7 8 9

A B C D E F G H I J K L M

N O P Q R S T U V W X Y Z

a b c d e f g h i j k l m n o p q r s t u v w x y z

Blanka

LA CREATIVIDAD ES UNA PARTE ESENCIAL DE MI SER.

0 1 2 3 4 5 6 7 8 9

A B C D E F G H I J K L M

N O P Q R S T U V W X Y Z

* No tiene tipografía en minúsculas

Belleza

La creatividad es una parte esencial de mi ser.

0 1 2 3 4 5 6 7 8 9

A B C D E F G H I J K L M

N O P Q R S T U V W X Y Z

a b c d e f g h i j k l m n o p q r s t u v w x y z

Bernier

LA CREATIVIDAD ES UNA PARTE ESENCIAL DE MI SER.

0 1 2 3 4 5 6 7 8 9

A B C D E F G H I J K L M

N O P Q R S T U V W X Y Z

* No tiene tipografía en minúsculas

Bicubik

LA CREATIVIDAD ES UNA PARTE ESENCIAL DE MI SER.

0 1 2 3 4 5 6 7 8 9

A B C D E F G H I J K L M

N O P Q R S T U V W X Y Z

A B C D E F G H I J K L M N O P Q R S T U V W X Y Z

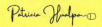

Boston Angel

La creatividad es una parte esencial de mi ser.

0 1 2 3 4 5 6 7 8 9

A B C D E F G H I J K L M

N O P Q R S T U V W X Y Z

a b c d e f g h i j k l m n o p q r s t u v w x y z

Bobby Jones

LA CREATIVIDAD ES UNA PARTE ESENCIAL DE MI SER.

0 1 2 3 4 5 6 7 8 9

A B C D E F G H I J K L M

N O P Q R S T U V W X Y Z

* No tiene tipografía en minúsculas

Brown Sugar

LA CREATIVIDAD ES UNA PARTE ESENCIAL DE MI SER.

0 1 2 3 4 5 6 7 8 9

A B C D E F G H I J K L M

N O P Q R S T U V W X Y Z

* No tiene tipografía en minúsculas

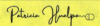

Brusher

La creatividad es una parte esencial de mi ser.

0 1 2 3 4 5 6 7 8 9

A B C D E F G H I J K L M

N O P Q R S T U V W X Y Z

a b c d e f g h i j k l m n o p q r s t u v w x y z

Cagliostro

La creatividad es una parte esencial de mi ser.

0 1 2 3 4 5 6 7 8 9

A B C D E F G H I J K L M

N O P Q R S T U V W X Y Z

a b c d e f g h i j k l m n o p q r s t u v w x y z

Cantora One

La creatividad es una parte esencial de mi ser.

0 1 2 3 4 5 6 7 8 9

A B C D E F G H I J K L M

N O P Q R S T U V W X Y Z

a b c d e f g h i j k l m n o p q r s t u v w x y z

Capsuula

La creatividad es una parte esencial de mi ser.
0 1 2 3 4 5 6 7 8 9
A B C D E F G H I J K L M
N O P Q R S T U V W X Y Z
a b c d e f g h i j k l m n o p q r s t u v w x y z

Chouko TH

La creatividad es una parte esencial de mi ser.

0 1 2 3 4 5 6 7 8 9

A B C D E F G H I J K L M
N O P Q R S T U V W X Y Z

a b c d e f g h i j k l m n o p q r s t u v w x y z

Cinzel Decorative

LA CREATIVIDAD ES UNA PARTE ESENCIAL DE MI SER.

0 1 2 3 4 5 6 7 8 9
A B C D E F G H I J K L M
N O P Q R S T U V W X Y Z

* No tiene tipografía en minúsculas

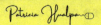

Distillery Display

LA CREATIVIDAD ES UNA PARTE ESENCIAL DE MI SER.

0 1 2 3 4 5 6 7 8 9

A B C D E F G H I J K L M

N O P Q R S T U V W X Y Z

* No tiene tipografía en minúsculas

Dita Sweet

La creatividad es una parte esencial de mi ser.

0 1 2 3 4 5 6 7 8 9

A B C D E F G H I J K L M

N O P Q R S T U V W X Y Z

a b c d e f g h i j k l m n o p q r s t u v w x y z

Dream Avenue

La creatividad es una parte esencial de mi ser.

0 1 2 3 4 5 6 7 8 9

A B C D E F G H I J K L M

N O P Q R S T U V W X Y Z

a b c d e f g h i j k l m n o p q r s t u v w x y z

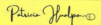

Drunken Hour

LA CREATIVIDAD ES UNA PARTE
ESENCIAL DE MI SER.
0 1 2 3 4 5 6 7 8 9
a B C D e F G H i J K L M
N O p Q R S T u v W x y z
A b c d E F G h i J K L M N o P q R s T u v W X Y Z

EFCO Brookshire

LA CREATIVIDAD ES UNA PARTE ESENCIAL DE MI SER.
0 1 2 3 4 5 6 7 8 9
A B C D E F G H I J K L M
N O P Q R S T U V W X Y Z
A B C D E F G H I J K L M N O P Q R S T U V W X Y Z

Free Feel Playful

LA CREATIVIDAD ES UNA PARTE ESENCIAL DE MI SER.
0 1 2 3 4 5 6 7 8 9
A B C D E F G H I J K L M
N O P Q R S T U V W X Y Z

* No tiene tipografía en minúsculas

Gagalin

LA CREATIVIDAD ES UNA PARTE ESENCIAL DE MI SER.

0 1 2 3 4 5 6 7 8 9

A B C D E F G H I J K L M

N O P Q R S T U V W X Y Z

* No tiene tipografía en minúsculas

Galada

La creatividad es una parte esencial de mi ser.

0 1 2 3 4 5 6 7 8 9

A B C D E F G H I J K L M

N O P Q R S T U V W X Y Z

a b c d e f g h i j k l m n o p q r s t u v w x y z

GFS Artemisia

La creatividad es una parte esencial de mi ser.

0 1 2 3 4 5 6 7 8 9

A B C D E F G H I J K L M

N O P Q R S T U V W X Y Z

a b c d e f g h i j k l m n o p q r s t u v w x y z

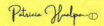

Giaza

La creatividad es una parte esencial de mi ser.

0 1 2 3 4 5 6 7 8 9

A B C D E F G H I J K L M

N O P Q R S T U V W X Y Z

a b c d e f g h i j k l m n o p q r s t u v w x y z

Girassol

LA CREATIVIDAD ES UNA PARTE ESENCIAL DE MI SER.

0 1 2 3 4 5 6 7 8 9

A B C D E F G H I J K L M

N O P Q R S T U V W X Y Z

A B C D E F G H I J K L M N O P Q R S T U V W X Y Z

Gochi Hand

La creatividad es una parte esencial de mi ser.

0 1 2 3 4 5 6 7 8 9

A B C D E F G H I J K L M

N O P Q R S T U V W X Y Z

abcdefghijklmnopqrstuvwxyz

Handy Casual

La creatividad es una parte esencial de mi ser.

0 1 2 3 4 5 6 7 8 9

A B C D E F G H I J K L M
N O P Q R S T U V W X Y Z

a b c d e f g h i j k l m n o p q r s t u v w x y z

Higuen Elegant

La creatividad es una parte esencial de mi ser.

0 1 2 3 4 5 6 7 8 9

A B C D E F G H I J K L M
N O P Q R S T U V W X Y Z

a b c d e f g h i j k l m n o p q r s t u v w x y z

Inlander Texture

LA CREATIVIDAD ES UNA PARTE ESENCIAL DE MI SER.

0 1 2 3 4 5 6 7 8 9

A B C D E F G H I J K L M
N O P Q R S T U V W X Y Z

A B C D E F G H I J K L M N O P Q R S T U V W X Y Z

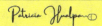

Jella

La creatividad es una parte esencial de mi ser.

0 1 2 3 4 5 6 7 8 9

A B C D E F G H I J K L M

N O P Q R S T U V W X Y Z

a b c d e f g h i j k l m n o p q r s t u v w x y z

Kawthar

La creatividad es una parte esencial de mi ser.

0123456789

ABCDEFGHIJKLM

NOPQRSTUVWXYZ

abcdefghijklmnopqrstuvwxyz

Kavoon

La creatividad es una parte esencial de mi ser.

0 1 2 3 4 5 6 7 8 9

A B C D E F G H I J K L M

N O P Q R S T U V W X Y Z

a b c d e f g h i j k l m n o p q r s t u v w x y z

Klemer Display

La creatividad es una parte esencial de mi ser.

0 1 2 3 4 5 6 7 8 9

A B C D E F G H I J K L M

N O P Q R S T U V W X Y Z

a b c d e f g h i j k l m n o p q r s t u v w x y z

Lazydog

LA CREATIVIDAD ES UNA PARTE ESENCIAL DE MI SER.

0 1 2 3 4 5 6 7 8 9

A B C D E F G H I J K L M

N O P Q R S T U V W X Y Z

* No tiene tipografía en minúsculas

Lotus Eater Sans

LA CREATIVIDAD ES UNA PARTE ESENCIAL DE MI SER.

0 1 2 3 4 5 6 7 8 9

A B C D E F G H I J K L M

N O P Q R S T U V W X Y Z

A B C D E F G H I J K L M N O P Q R S T U V W X Y Z

Luckiest Guy

LA CREATIVIDAD ES UNA PARTE ESENCIAL DE MI SER.

0 1 2 3 4 5 6 7 8 9

A B C D E F G H I J K L M

N O P Q R S T U V W X Y Z

* No tiene tipografía en minúsculas

Lucky Bones

La creatividad es una parte esencial de mi ser.

0 1 2 3 4 5 6 7 8 9

A B C D E F G H I J K L M

N O P Q R S T U V W X Y Z

a b c d e f g h i j k l m n o p q r s t u v w x y z

Maely

La creatividad es una parte esencial de mi ser.

0 1 2 3 4 5 6 7 8 9

A B C D E F G H I J K L M

N O P Q R S T U V W X Y Z

a b c d e f g h i j k l m n o p q r s t u v w x y z

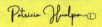

Mak

La creatividad es una parte esencial de mi ser.

0 1 2 3 4 5 6 7 8 9

A B C D E F G H I J K L M

N O P Q R S T U V W X Y Z

a b c d e f g h i j k l m n o p q r s t u v w x y z

Marcellus

La creatividad es una parte esencial de mi ser.

0 1 2 3 4 5 6 7 8 9

A B C D E F G H I J K L M

N O P Q R S T U V W X Y Z

a b c d e f g h i j k l m n o p q r s t u v w x y z

Megrim

LA CREATIVIDAD ES UNA PARTE ESENCIAL DE MI SER.

0 1 2 3 4 5 6 7 8 9

A B C D E F G H I J K L M

N O P Q R S T U V W X Y Z

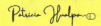

A B C D E F G H I J K L M N O P Q R S T U V W X Y Z

Migaela

La creatividad es una parte esencial de mi ser.

0 1 2 3 4 5 6 7 8 9

A B C D E F G H I J K L M

N O P Q R S T U V W X Y Z

a b c d e f g h i j k l m n o p q r s t u v w x y z

Molenilo

La creatividad es una parte esencial de mi ser.

0 1 2 3 4 5 6 7 8 9

A B C D E F G H I J K L M

N O P Q R S T U V W X Y Z

a b c d e f g h i j k l m n o p q r s t u v w x y z

Moonlight

La creatividad es una parte esencial de mi ser.

0 1 2 3 4 5 6 7 8 9

A B C D E F G H I J K L M

N O P Q R S T U V W X Y Z

a b c d e f g h i j k l m n o p q r s t u v w x y z

Niconne

La creatividad es una parte esencial de mi ser.

0 1 2 3 4 5 6 7 8 9

A B C D E F G H I J K L M

N O P Q R S T U V W X Y Z

a b c d e f g h i j k l m n o p q r s t u v w x y z

Norwester

LA CREATIVIDAD ES UNA PARTE ESENCIAL DE MI SER.

0 1 2 3 4 5 6 7 8 9

A B C D E F G H I J K L M

N O P Q R S T U V W X Y Z

* No tiene tipografía en minúsculas

Nove

La creatividad es una parte esencial de mi ser.

0 1 2 3 4 5 6 7 8 9

A B C D E F G H I J K L M

N O P Q R S T U V W X Y Z

a b c d e f g h i j k l m n o p q r s t u v w x y z

Oleo Script

La creatividad es una parte esencial de mi ser.

0 1 2 3 4 5 6 7 8 9

A B C D E F G H I J K L M
N O P Q R S T U V W X Y Z

a b c d e f g h i j k l m n o p q r s t u v w x y z

Pacifico

La creatividad es una parte esencial de mi ser.

0 1 2 3 4 5 6 7 8 9

A B C D E F G H I J K L M
N O P Q R S T U V W X Y Z

a b c d e f g h i j k l m n o p q r s t u v w x y z

Petapon

LA CREATIVIDAD ES UNA PARTE ESENCIAL DE MI SER.

0 1 2 3 4 5 6 7 8 9

A B C D E F G H I J K L M
N O P Q R S T U V W X Y Z

A B C D E F G H I J K L M N O P Q R S T U V W X Y Z

Pirou

La creatividad es una parte esencial de mi ser.

0 1 2 3 4 5 6 7 8 9

A B C D E F G H I J K L M

N O P Q R S T U V W X Y Z

a b c d e f g h i j k l m n o p q r s t u v w x y z

Pompiere

La creatividad es una parte esencial de mi ser.

0 1 2 3 4 5 6 7 8 9

A B C D E F G H I J K L M

N O P Q R S T U V W X Y Z

a b c d e f g h i j k l m n o p q r s t u v w x y z

Purple Purse

La creatividad es una parte esencial de mi ser.

0 1 2 3 4 5 6 7 8 9

A B C D E F G H I J K L M

N O P Q R S T U V W X Y Z

a b c d e f g h i j k l m n o p q r s t u v w x y z

Ranga

La creatividad es una parte esencial de mi ser.

0 1 2 3 4 5 6 7 8 9

A B C D E F G H I J K L M

N O P Q R S T U V W X Y Z

a b c d e f g h i j k l m n o p q r s t u v w x y z

Roller Coaster

La creatividad es una parte esencial de mi ser.

0 1 2 3 4 5 6 7 8 9

A B C D E F G H I J K L M

N O P Q R S T U V W X Y Z

a b c d e f g h i j k l m n o p q r s t u v w x y z

San Diego

LA CREATIVIDAD ES UNA PARTE ESENCIAL DE MI SER.

0 1 2 3 4 5 6 7 8 9

A B C D E F G H I J K L M

N O P Q R S T U V W X Y Z

* No tiene tipografía en minúsculas

Satisfy

La creatividad es una parte esencial de mi ser.

0 1 2 3 4 5 6 7 8 9

A B C D E F G H I J K L M
N O P Q R S T U V W X Y Z

a b c d e f g h i j k l m n o p q r s t u v w x y z

Scripter

LA CREATIVIDAD ES UNA PARTE ESENCIAL DE MI SER.

0 1 2 3 4 5 6 7 8 9

A B C D E F G H I J K L M
N O P Q R S T U V W X Y Z

* No tiene tipografía en minúsculas

Sego

La creatividad es una parte esencial de mi ser.

0 1 2 3 4 5 6 7 8 9

A B C D E F G H I J K L M
N O P Q R S T U V W X Y Z

a b c d e f g h i j k l m n o p q r s t u v w x y z

Selima

La creatividad es una parte esencial de mi ser.

0 1 2 3 4 5 6 7 8 9

A B C D E F G H I J K L M

N O P Q R S T U V W X Y Z

a b c d e f g h i j k l m n o p q r s t u v w x y z

Six Caps

LA CREATIVIDAD ES UNA PARTE ESENCIAL DE MI SER.

0123456789

A B C D E F G H I J K L M

N O P Q R S T U V W X Y Z

* No tiene tipografía en minúsculas

Sweet Dreams

La creatividad es una parte esencial de mi ser.

0 1 2 3 4 5 6 7 8 9

A B C D E F G H I J K L M

N O P Q R S T U V W X Y Z

a b c d e f g h i j k l m n o p q r s t u v w x y z

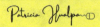

TAN Astoria

La creatividad es una parte esencial de mi ser.
0 1 2 3 4 5 6 7 8 9
A B C D E F G H I J K L M
N O P Q R S T U V W X Y Z
a b c d e f g h i j k l m n o p q r s t u v w x y z

TAN Meringue

La creatividad es una parte esencial de mi ser.
0 1 2 3 4 5 6 7 8 9
A B C D E F G H I J K L M
N O P Q R S T U V W X Y Z
a b c d e f g h i j k l m n o p q r s t u v w x y z

TAN Mon Cheri

La creatividad es una parte esencial de mi ser.
0 1 2 3 4 5 6 7 8 9
A B C D E F G H I J K L M
N O P Q R S T U V W X Y Z
a b c d e f g h i j k l m n o p q r s t u v w x y z

TAN Nimbus

La creatividad es una parte esencial de mi ser.

0 1 2 3 4 5 6 7 8 9

A B C D E F G H I J K L M

N O P Q R S T U V W X Y Z

a b c d e f g h i j k l m n o p q r s t u v w x y z

TAN Pearl

La creatividad es una parte esencial de mi ser.

0 1 2 3 4 5 6 7 8 9

A B C D E F G H I J K L M

N O P Q R S T U V W X Y Z

a b c d e f g h i j k l m n o p q r s t u v w x y z

TAN Tangkiwood

La creatividad es una parte esencial de mi ser.

0 1 2 3 4 5 6 7 8 9

A B C D E F G H I J K L M

N O P Q R S T U V W X Y Z

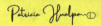

a b c d e f g h i j k l m n o p q r s t u v w x y z

TAN Twinkle

La creatividad es una parte esencial de mi ser.

0 1 2 3 4 5 6 7 8 9

A B C D E F G H I J K L M
N O P Q R S T U V W X Y Z

a b c d e f g h i j k l m n o p q r s t u v w x y z

Tomoyo TH

La creatividad es una parte esencial de mi ser.

0 1 2 3 4 5 6 7 8 9

A B C D E F G H I J K L M
N O P Q R S T U V W X Y Z

a b c d e f g h i j k l m n o p q r s t u v w x y z

TT Alientz Serif

La creatividad es una parte esencial de mi ser.

0 1 2 3 4 5 6 7 8 9

A B C D E F G H I J K L M
N O P Q R S T U V W X Y Z

a b c d e f g h i j k l m n o p q r s t u v w x y z

Underdog

La creatividad es una parte esencial de mi ser.

0 1 2 3 4 5 6 7 8 9

A B C D E F G H I J K L M

N O P Q R S T U V W X Y Z

a b c d e f g h i j k l m n o p q r s t u v w x y z

Unique

LA CREATIVIDAD ES UNA PARTE ESENCIAL DE MI SER.

0 1 2 3 4 5 6 7 8 9

A B C D E F G H I J K L M

N O P Q R S T U V W X Y Z

* No tiene tipografía en minúsculas

Waterlily

La creatividad es una parte esencial de mi ser.

0 1 2 3 4 5 6 7 8 9

A B C D E F G H I J K L M

N O P Q R S T U V W X Y Z

a b c d e f g h i j k l m n o p q r s t u v w x y z

WasetanNP

La creatividad es una parte esencial de mi ser.

0 1 2 3 4 5 6 7 8 9

A B C D E F G H I J K L M

N O P Q R S T U V W X Y Z

a b c d e f g h i j k l m n o p q r s t u v w x y z

Xplor

LA CREATIVIDAD ES UNA PARTE ESENCIAL DE MI SER.

0 1 2 3 4 5 6 7 8 9

A B C D E F G H I J K L M

N O P Q R S T U V W X Y Z

* No tiene tipografía en minúsculas

Zenaida

La creatividad es una parte esencial de mi ser.

0 1 2 3 4 5 6 7 8 9

A B C D E F G H I J K L M

N O P Q R S T U V W X Y Z

a b c d e f g h i j k l m n o p q r s t u v w x y z

INGRESO LIBRE
Club de la Mujer Dorada
ACTIVA EL PODER DE TU ESENCIA
Te invita al Taller
AGENDALO!
VIERNES 31 MARZO
07 PM
Libera tu Creatividad con ChatGPT
Aplicación en:
Marketing Digital
Elaboración de Libros
Organización en el Hogar
LIVE
YouTube
@lamarujadigital
PRESENTADO POR
Lic. Patricia Hualpa

Te invita a participar del Taller
EMPODERA TU
Mente
con Patricia Hualpa
MIERCOLES
1 DE FEBRERO
8:00 PM
9:00 PM
11:00 PM
INGRESO
LIBRE

La Multi Ani
Irina
Grosu
8

Escuela de Ventas
Taller
VENTAS CON Alma
Tema:
TUS PALABRAS
TUS RESULTADOS
con
Alma Barra
VIERNES
DE MARZO
INGRESO
LIBRE
9:00 AM MEXICO
10:00 AM PERU
00 M ARGENTINA
LIVE
@alma123

Fuentes Elegantes

Se caracterizan por su sofisticación, trazos finos y líneas fluidas que transmiten un sentido de refinamiento y estilo. Estas fuentes son ideales para proyectos que buscan evocar un ambiente de lujo, como **invitaciones de bodas, tarjetas de felicitación, anuncios de eventos** exclusivos o **logotipos de marcas de alta gama.** También son una elección excelente cuando deseamos agregar un toque de distinción a nuestros diseños. Sin embargo, al igual que con las fuentes decorativas, es importante usarlas con moderación y en el contexto adecuado, ya que su elegancia puede perder impacto si se usa de manera excesiva.

29LT Riwaya

Soy el creador de mi vida.

0 1 2 3 4 5 6 7 8 9

A B C D E F G H I J K L M

N O P Q R S T U V W X Y Z

a b c d e f g h i j k l m n o p q r s t u v w x y z

29LT Zeyn

Soy el creador de mi vida.

0 1 2 3 4 5 6 7 8 9

A B C D E F G H I J K L M

N O P Q R S T U V W X Y Z

a b c d e f g h i j k l m n o p q r s t u v w x y z

Abril Fatface

Soy el creador de mi vida.

0 1 2 3 4 5 6 7 8 9

A B C D E F G H I J K L M

N O P Q R S T U V W X Y Z

a b c d e f g h i j k l m n o p q r s t u v w x y z

Alegreya

Soy el creador de mi vida.

0 1 2 3 4 5 6 7 8 9

A B C D E F G H I J K L M
N O P Q R S T U V W X Y Z
a b c d e f g h i j k l m n o p q r s t u v w x y z

Alta

SOY EL CREADOR DE MI VIDA.

0 1 2 3 4 5 6 7 8 9

A B C D E F G H I J K L M
N O P Q R S T U V W X Y Z

* No tiene tipografía en minúsculas

Amita

Soy el creador de mi vida.

0 1 2 3 4 5 6 7 8 9

A B C D E F G H I J K L M
N O P Q R S T U V W X Y Z
a b c d e f g h i j k l m n o p q r s t u v w x y z

Antic Didone

Soy el creador de mi vida.

0 1 2 3 4 5 6 7 8 9

A B C D E F G H I J K L M

N O P Q R S T U V W X Y Z

a b c d e f g h i j k l m n o p q r s t u v w x y z

Andika

Soy el creador de mi vida.

0 1 2 3 4 5 6 7 8 9

A B C D E F G H I J K L M

N O P Q R S T U V W X Y Z

a b c d e f g h i j k l m n o p q r s t u v w x y z

Antonio

Soy el creador de mi vida.

0 1 2 3 4 5 6 7 8 9

A B C D E F G H I J K L M

N O P Q R S T U V W X Y Z

a b c d e f g h i j k l m n o p q r s t u v w x y z

Balgin

Soy el creador de mi vida.

0 1 2 3 4 5 6 7 8 9

A B C D E F G H I J K L M

N O P Q R S T U V W X Y Z

a b c d e f g h i j k l m n o p q r s t u v w x y z

Bellefair

Soy el creador de mi vida.

0 1 2 3 4 5 6 7 8 9

A B C D E F G H I J K L M

N O P Q R S T U V W X Y Z

a b c d e f g h i j k l m n o p q r s t u v w x y z

Better Saturday

Soy el creador de mi vida.

0 1 2 3 4 5 6 7 8 9

A B C D E F G H I J K L M

N O P Q R S T U V W X Y Z

a b c d e f g h i j k l m n o p q r s t u v w x y z

Billion Miracles

Soy el creador de mi vida.

0 1 2 3 4 5 6 7 8 9

A B C D E F G H I J K L M

N O P Q R S T U V W X Y Z

a b c d e f g h i j k l m n o p q r s t u v w x y z

Black Mango

Soy el creador de mi vida.

0 1 2 3 4 5 6 7 8 9

A B C D E F G H I J K L M

N O P Q R S T U V W X Y Z

a b c d e f g h i j k l m n o p q r s t u v w x y z

Blacker Sans Display

Soy el creador de mi vida.

0 1 2 3 4 5 6 7 8 9

A B C D E F G H I J K L M

N O P Q R S T U V W X Y Z

a b c d e f g h i j k l m n o p q r s t u v w x y z

Boston Angel

Soy el creador de mi vida.
0123456789
A B C D E F G H I J K L M
N O P Q R S T U V W X Y Z
abcdefghijklmnopqrstuvwxyz

Brilliant Signature 3

Soy el creador de mi vida.
0 1 2 3 4 5 6 7 8 9
A B C D E F G H I J K L M
N O P Q R S T U V W X Y Z
a b c d e f g h i j k l m n o p q r s t u v w x y z

Brown Sugar

SOY EL CREADOR DE MI VIDA.
0 1 2 3 4 5 6 7 8 9
A B C D E F G H I J K L M
N O P Q R S T U V W X Y Z

* No tiene tipografía en minúsculas

Calmius

Soy el creador de mi vida.

0 1 2 3 4 5 6 7 8 9

A B C D E F G H I J K L M

N O P Q R S T U V W X Y Z

a b c d e f g h i j k l m n o p q r s t u v w x y z

Callem

Soy el creador de mi vida.

0 1 2 3 4 5 6 7 8 9

A B C D E F G H I J K L M

N O P Q R S T U V W X Y Z

a b c d e f g h i j k l m n o p q r s t u v w x y z

Catchy Mager

Soy el creador de mi vida.

0 1 2 3 4 5 6 7 8 9

A B C D E F G H I J K L M

N O P Q R S T U V W X Y Z

a b c d e f g h i j k l m n o p q r s t u v w x y z

Cinzel

SOY EL CREADOR DE MI VIDA.

0 1 2 3 4 5 6 7 8 9

A B C D E F G H I J K L M

N O P Q R S T U V W X Y Z

A B C D E F G H I J K L M N O P Q R S T U V W X Y Z

Coterie

SOY EL CREADOR DE MI VIDA.

0 1 2 3 4 5 6 7 8 9

A B C D E F G H I J K L M

N O P Q R S T U V W X Y Z

* No tiene tipografía en minúsculas

Crushed

soy el creaDor De mi viDa.

0 1 2 3 4 5 6 7 8 9

A B C D E F G H I J K L M

N O P Q R S T U V W X Y Z

a B C D e F G H I J K L m n o P Q r S T u V W X y Z

Della Respira

Soy el creador de mi vida.

0 1 2 3 4 5 6 7 8 9

A B C D E F G H I J K L M
N O P Q R S T U V W X Y Z

a b c d e f g h i j k l m n o p q r s t u v w x y z

Donau

SOY EL CREADOR DE MI VIDA.

0 1 2 3 4 5 6 7 8 9

A B C D E F G H I J K L M
N O P Q R S T U V W X Y Z

* No tiene tipografía en minúsculas

Essays1743

Soy el creador de mi vida.

0 1 2 3 4 5 6 7 8 9

A B C D E F G H I J K L M
N O P Q R S T U V W X Y Z

a b c d e f g h i j k l m n o p q r s t u v w x y z

Eyesome

Soy el creador de mi vida.

0 1 2 3 4 5 6 7 8 9

A B C D E F G H I J K L M

N O P Q R S T U V W X Y Z

a b c d e f g h i j k l m n o p q r s t u v w x y z

Forum

Soy el creador de mi vida.

0 1 2 3 4 5 6 7 8 9

A B C D E F G H I J K L M

N O P Q R S T U V W X Y Z

a b c d e f g h i j k l m n o p q r s t u v w x y z

Fraunces

Soy el creador de mi vida.

0 1 2 3 4 5 6 7 8 9

A B C D E F G H I J K L M

N O P Q R S T U V W X Y Z

a b c d e f g h i j k l m n o p q r s t u v w x y z

Frunchy Sage

Soy el creador de mi vida.

0 1 2 3 4 5 6 7 8 9

A B C D E F G H I J K L M

N O P Q R S T U V W X Y Z

a b c d e f g h i j k l m n o p q r s t u v w x y z

Glacial Indiferrence

Soy el creador de mi vida.

0 1 2 3 4 5 6 7 8 9

A B C D E F G H I J K L M

N O P Q R S T U V W X Y Z

a b c d e f g h i j k l m n o p q r s t u v w x y z

Gruppo

Soy el creador de mi vida.

0 1 2 3 4 5 6 7 8 9

A B C D E F G H I J K L M

N O P Q R S T U V W X Y Z

a b c d e f g h i j k l m n o p q r s t u v w x y z

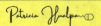

Hatton

Soy el creador de mi vida.

0 1 2 3 4 5 6 7 8 9

A B C D E F G H I J K L M

N O P Q R S T U V W X Y Z

a b c d e f g h i j k l m n o p q r s t u v w x y z

Higuen Elegant

Soy el creador de mi vida.

0 1 2 3 4 5 6 7 8 9

A B C D E F G H I J K L M

N O P Q R S T U V W X Y Z

a b c d e f g h i j k l m n o p q r s t u v w x y z

Italianno

Soy el creador de mi vida.

0 1 2 3 4 5 6 7 8 9

A B C D E F G H I J K L M

N O P Q R S T U V W X Y Z

a b c d e f g h i j k l m n o p q r s t u v w x y z

Julius Sans One

SOY EL CREADOR DE MI VIDA.

0 1 2 3 4 5 6 7 8 9

A B C D E F G H I J K L M

N O P Q R S T U V W X Y Z

A B C D E F G H I J K L M N O P Q R S T U V W X Y Z

Kenao Sans Serif

Soy el creador de mi vida.

0 1 2 3 4 5 6 7 8 9

A B C D E F G H I J K L M

N O P Q R S T U V W X Y Z

a b c d e f g h i j k l m n o p q r s t u v w x y z

Le Jour Serif

SOY EL CREADOR DE MI VIDA.

0 1 2 3 4 5 6 7 8 9

A B C D E F G H I J K L M

N O P Q R S T U V W X Y Z

* No tiene tipografía en minúsculas

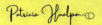

Loubag

Soy el Creador de mi vida.

0123456789

ABCDEFGHIJKLM

NOPQRSTUVWXYZ

abcdefghijklmnopqrstuvwxyz

Lovelo

SOY EL CREADOR DE MI VIDA.

0123456789

ABCDEFGHIJKLM

NOPQRSTUVWXYZ

* No tiene tipografía en minúsculas

Lovera

Soy el creador de mi vida.

0123456789

ABCDEFGHIJKLM

NOPQRSTUVWXYZ

abcdefghijklmnopqrstuvwxyz

Maharlika

Soy el creador de mi vida.

0 1 2 3 4 5 6 7 8 9

A B C D E F G H I J K L M

N O P Q R S T U V W X Y Z

a b c d e f g h i j k l m n o p q r s t u v w x y z

Maragsa

Soy el creador de mi vida.

0123456789

ABCDEFGHIJKLM

NOPQRSTUVWXYZ

abcdefghijklmnopqrstuvwxyz

Mickle

SOY EL CREADOR DE MI VIDA.

0 1 2 3 4 5 6 7 8 9

A B C D E F G H I J K L M

N O P Q R S T U V W X Y Z

* No tiene tipografía en minúsculas

Migra

Soy el creador de mi vida.
0 1 2 3 4 5 6 7 8 9
A B C D E F G H I J K L M
N O P Q R S T U V W X Y Z
a b c d e f g h i j k l m n o p q r s t u v w x y z

Montagna

Soy el creador de mi vida.
0 1 2 3 4 5 6 7 8 9
A B C D E F G H I J K L M
N O P Q R S T U V W X Y Z
a b c d e f g h i j k l m n o p q r s t u v w x y z

Monterchi

Soy el creador de mi vida.
0 1 2 3 4 5 6 7 8 9
A B C D E F G H I J K L M
N O P Q R S T U V W X Y Z
a b c d e f g h i j k l m n o p q r s t u v w x y z

Ovo

Soy el creador de mi vida.

0 1 2 3 4 5 6 7 8 9

A B C D E F G H I J K L M

N O P Q R S T U V W X Y Z

a b c d e f g h i j k l m n o p q r s t u v w x y z

Oswaldo

Soy el creador de mi vida.

0 1 2 3 4 5 6 7 8 9

A B C D E F G H I J K L M

N O P Q R S T U V W X Y Z

a b c d e f g h i j k l m n o p q r s t u v w x y z

Perandory

SOY EL CREADOR DE MI VIDA.

0 1 2 3 4 5 6 7 8 9

A B C D E F G H I J K L M

N O P Q R S T U V W X Y Z

* No tiene tipografía en minúsculas

Playfair Display SC

SOY EL CREADOR DE MI VIDA.

0 1 2 3 4 5 6 7 8 9

A B C D E F G H I J K L M
N O P Q R S T U V W X Y Z

A B C D E F G H I J K L M N O P Q R S T U V W X Y Z

Quando

Soy el creador de mi vida.

0 1 2 3 4 5 6 7 8 9

A B C D E F G H I J K L M

N O P Q R S T U V W X Y Z

a b c d e f g h i j k l m n o p q r s t u v w x y z

Quattrocento

Soy el creador de mi vida.

0 1 2 3 4 5 6 7 8 9

A B C D E F G H I J K L M

N O P Q R S T U V W X Y Z

a b c d e f g h i j k l m n o p q r s t u v w x y z

Rasputin

Soy el creador de mi vida.

0 1 2 3 4 5 6 7 8 9

A B C D E F G H I J K L M

N O P Q R S T U V W X Y Z

a b c d e f g h i j k l m n o p q r s t u v w x y z

RoxboroughCF

Soy el creador de mi vida.

0 1 2 3 4 5 6 7 8 9

A B C D E F G H I J K L M

N O P Q R S T U V W X Y Z

a b c d e f g h i j k l m n o p q r s t u v w x y z

Safira March

Soy el creador de mi vida.

0 1 2 3 4 5 6 7 8 9

A B C D E F G H I J K L M

N O P Q R S T U V W X Y Z

a b c d e f g h i j k l m n o p q r s t u v w x y z

San Diego

SOY EL CREADOR DE MI VIDA.

0 1 2 3 4 5 6 7 8 9

A B C D E F G H I J K L M

N O P Q R S T U V W X Y Z

* No tiene tipografía en minúsculas

Six Caps

SOY EL CREADOR DE MI VIDA.

0123456789

A B C D E F G H I J K L M

N O P Q R S T U V W X Y Z

* No tiene tipografía en minúsculas

ST Titan

SOY EL CREADOR DE MI VIDA.

0 1 2 3 4 5 6 7 8 9

A B C D E F G H I J K L M

N O P Q R S T U V W X Y Z

A B C D E F G H I J K L M N O P Q R S T U V W X Y Z

Stolen Love

Soy el creador de mi vida.
0 1 2 3 4 5 6 7 8 9
A B C D E F G H I J K L M
N O P Q R S T U V W X Y Z
a b c d e f g h i j k l m n o p q r s t u v w x y z

TAN Mon Cheri

Soy el creador de mi vida.
0 1 2 3 4 5 6 7 8 9
A B C D E F G H I J K L M
N O P Q R S T U V W X Y Z
a b c d e f g h i j k l m n o p q r s t u v w x y z

TAN Pearl

Soy el creador de mi vida.
0 1 2 3 4 5 6 7 8 9
A B C D E F G H I J K L M
N O P Q R S T U V W X Y Z
a b c d e f g h i j k l m n o p q r s t u v w x y z

The Seasons

Soy el creador de mi vida.

0 1 2 3 4 5 6 7 8 9

A B C D E F G H I J K L M

N O P Q R S T U V W X Y Z

a b c d e f g h i j k l m n o p q r s t u v w x y z

TT Drugs

Soy el creador de mi vida.

0 1 2 3 4 5 6 7 8 9

A B C D E F G H I J K L M

N O P Q R S T U V W X Y Z

a b c d e f g h i j k l m n o p q r s t u v w x y z

TT Nooks Script

Soy el creador de mi vida.

0 1 2 3 4 5 6 7 8 9

A B C D E F G H I J K L M

N O P Q R S T U V W X Y Z

a b c d e f g h i j k l m n o p q r s t u v w x y z

Vidaloka

Soy el creador de mi vida.

0 1 2 3 4 5 6 7 8 9

A B C D E F G H I J K L M

N O P Q R S T U V W X Y Z

a b c d e f g h i j k l m n o p q r s t u v w x y z

Yeseba One

Soy el creador de mi vida.

0 1 2 3 4 5 6 7 8 9

A B C D E F G H I J K L M

N O P Q R S T U V W X Y Z

a b c d e f g h i j k l m n o p q r s t u v w x y z

Zabatana Poster

Soy el creador de mi vida.

0 1 2 3 4 5 6 7 8 9

A B C D E F G H I J K L M

N O P Q R S T U V W X Y Z

a b c d e f g h i j k l m n o p q r s t u v w x y z

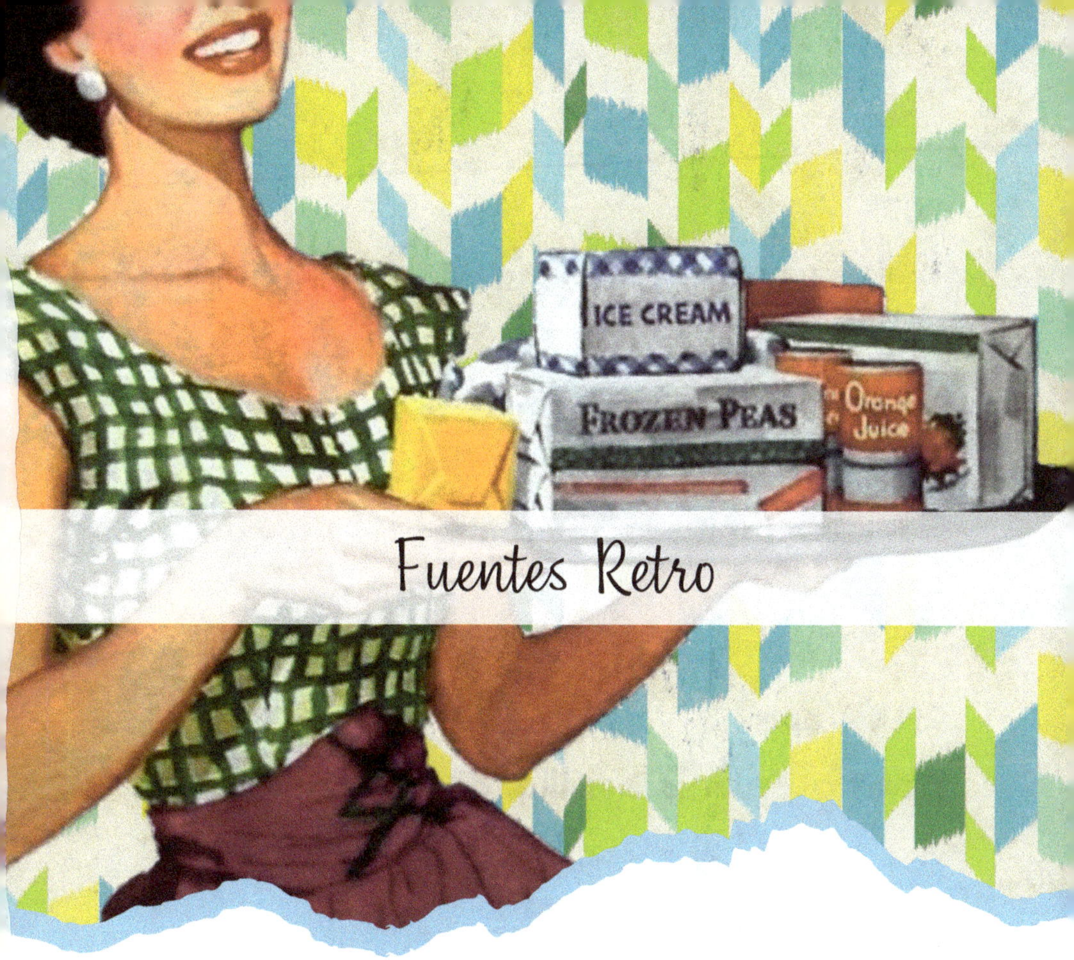

Fuentes Retro

Estas fuentes están inspiradas en estilos de diseño y letras que eran populares en décadas pasadas, como los años 60, 70 u 80. Tienen un encanto vintage que evoca recuerdos y una sensación de "vieja escuela".
Son ideales para proyectos que buscan capturar la esencia de una época pasada o para agregar un toque de autenticidad a **diseños con temáticas vintage**, como **carteles de películas** clásicas, **logotipos** de marcas con un toque retro, o cualquier cosa que quiera transmitir una sensación de nostalgia y estilo retro.

20DB

Confío en mis habilidades creativas.

0 1 2 3 4 5 6 7 8 9

A B C D E F G H I J K L M
N O P Q R S T U V W X Y Z

a b c d e f g h i j k l m n o p q r s t u v w x y z

29LT Arapix

Confío en mis habilidades creativas.

0 1 2 3 4 5 6 7 8 9

A B C D E F G H I J K L M

N O P Q R S T U V W X Y Z

a b c d e f g h i j k l m n o p q r s t u v w x y z

29LT Makina

Confío en mis habilidades creativas.

0 1 2 3 4 5 6 7 8 9

A B C D E F G H I J K L M

N O P Q R S T U V W X Y Z

a b c d e f g h i j k l m n o p q r s t u v w x y z

Fuentes Retro

Estas fuentes están inspiradas en estilos de diseño y letras que eran populares en décadas pasadas, como los años 60, 70 u 80. Tienen un encanto vintage que evoca recuerdos y una sensación de "vieja escuela".

Son ideales para proyectos que buscan capturar la esencia de una época pasada o para agregar un toque de autenticidad a **diseños con temáticas vintage**, como **carteles de películas** clásicas, **logotipos** de marcas con un toque retro, o cualquier cosa que quiera transmitir una sensación de nostalgia y estilo retro.

20DB

Confío en mis habilidades creativas.

0 1 2 3 4 5 6 7 8 9

A B C D E F G H I J K L M
N O P Q R S T U V W X Y Z

a b c d e f g h i j k l m n o p q r s t u v w x y z

29LT Arapix

Confío en mis habilidades creativas.

0 1 2 3 4 5 6 7 8 9

A B C D E F G H I J K L M
N O P Q R S T U V W X Y Z

a b c d e f g h i j k l m n o p q r s t u v w x y z

29LT Makina

Confío en mis habilidades creativas.

0 1 2 3 4 5 6 7 8 9

A B C D E F G H I J K L M
N O P Q R S T U V W X Y Z

a b c d e f g h i j k l m n o p q r s t u v w x y z

Abibas

Confío en mis habilidades creativas .

0 1 2 3 4 5 6 7 8 9

A B C D E F G H I J K L M

N O P Q R S T U V W X Y Z

a b c d e f g h i j k l m n o p q r s t u v w x y z

Adams Script

Confío en mis habilidades creativas.

0 1 2 3 4 5 6 7 8 9

A B C D E F G H I J K L M

N O P Q R S T U V W X Y Z

abcdefghijklmnopqrstuvwxyz

Agitaciya

CONFÍO EN MIS HABILIDADES CREATIVAS.

0 1 2 3 4 5 6 7 8 9

A B C D E F G H I J K L M

N O P Q R S T U V W X Y Z

* No tiene tipografía en minúsculas

Agnets

Confío en mis habilidades creativas .

0 1 2 3 4 5 6 7 8 9

A B C D E F G H I J K L M

N O P Q R S T U V W X Y Z

a b c d e f g h i j k l m n o p q r s t u v w x y z

Art Nuvo Letterpress

CONFÍO EN MIS HABILIDADES CREATIVAS.

0 1 2 3 4 5 6 7 8 9

A B C D E F G H I J K L M

N O P Q R S T U V W X Y Z

A B C D E F G H I J K L M N O P Q R S T U V W X Y Z

Awesome Lathusca

CONFÍO EN MIS HABILIDADES CREATIVAS.

0 1 2 3 4 5 6 7 8 9

A B C D E F G H I J K L M

N O P Q R S T U V W X Y Z

A B C D E F G H I J K L M N O P Q R S T U V W X Y Z

Bangers

CONFÍO EN MIS HABILIDADES CREATIVAS.

0 1 2 3 4 5 6 7 8 9

A B C D E F G H I J K L M

N O P Q R S T U V W X Y Z

* No tiene tipografía en minúsculas

Belina

Confío en mis habilidades creativas.

0 1 2 3 4 5 6 7 8 9

A B C D E F G H I J K L M

N O P Q R S T U V W X Y Z

a b c d e f g h i j k l m n o p q r s t u v w x y z

Berkshire Swash

Confío en mis habilidades creativas.

0 1 2 3 4 5 6 7 8 9

A B C D E F G H I J K L M

N O P Q R S T U V W X Y Z

a b c d e f g h i j k l m n o p q r s t u v w x y z

Bevan

Confío en mis habilidades creativas.

0 1 2 3 4 5 6 7 8 9

A B C D E F G H I J K L M
N O P Q R S T U V W X Y Z

a b c d e f g h i j k l m n o p q r s t u v w x y z

Bright Retro

Confío en mis habilidades creativas.

0 1 2 3 4 5 6 7 8 9

A B C D E F G H I J K L M

N O P Q R S T U V W X Y Z

a b c d e f g h i j k l m n o p q r s t u v w x y z

Della Respira

Confío en mis habilidades creativas.

0 1 2 3 4 5 6 7 8 9

A B C D E F G H I J K L M
N O P Q R S T U V W X Y Z

a b c d e f g h i j k l m n o p q r s t u v w x y z

Dunao

CONFÍO EN MIS HABILIDADES CREATIVAS.

0123456789

A B C D E F G H I J K L M

N O P Q R S T U V W X Y Z

* No tiene tipografía en minúsculas

Druzhba Retro

CONFÍO EN MIS HABILIDADES CREATIVAS.

0 1 2 3 4 5 6 7 8 9

A B C D E F G H I J K L M

N O P Q R S T U V W X Y Z

* No tiene tipografía en minúsculas

Engravers'Old English

Confío en mis habilidades creativas.

0 1 2 3 4 5 6 7 8 9

A B C D E F G H I J K L M

N O P Q R S T U V W X Y Z

a b c d e f g h i j k l m n o p q r s t u v w x y z

Fascinate Inline

Confío en mis habilidades creativas.

0 1 2 3 4 5 6 7 8 9

A B C D E F G H I J K L M

N O P Q R S T U V W X Y Z

a b c d e f g h i j k l m n o p q r s t u v w x y z

Flying Circus

CONFÍO EN MIS HABILIDADES CREATIVAS.

0 1 2 3 4 5 6 7 8 9

A B C D E F G H I J K L M

N O P Q R S T U V W X Y Z

A B C D E F G H I J K L M N O P Q R S T U V W X Y Z

Fraunces

Confío en mis habilidades creativas.

0 1 2 3 4 5 6 7 8 9

A B C D E F G H I J K L M

N O P Q R S T U V W X Y Z

a b c d e f g h i j k l m n o p q r s t u v w x y z

FS Gravity

Confío en mis habilidades creativas.

0 1 2 3 4 5 6 7 8 9

A B C D E F G H I J K L M

N O P Q R S T U V W X Y Z

a b c d e f g h i j k l m n o p q r s t u v w x y z

Genty

Confío en mis habilidades creativas.

0 1 2 3 4 5 6 7 8 9

A B C D E F G H I J K L M

N O P Q R S T U V W X Y Z

a b c d e f g h i j k l m n o p q r s t u v w x y z

Grand Hotel

Confío en mis habilidades creativas.

0 1 2 3 4 5 6 7 8 9

A B C D E F G H I J K L M

N O P Q R S T U V W X Y Z

a b c d e f g h i j k l m n o p q r s t u v w x y z

Harlow Solid

Confío en mis habilidades creativas.

0 1 2 3 4 5 6 7 8 9

A B C D E F G H I J K L M

N O P Q R S T U V W X Y Z

a b c d e f g h i j k l m n o p q r s t u v w x y z

Hobo

Confío en mis habilidades creativas.

0 1 2 3 4 5 6 7 8 9

A B C D E F G H I J K L M

N O P Q R S T U V W X Y Z

a b c d e f g h i j k l m n o p q r s t u v w x y z

Isabella

Confío en mis habilidades creativas.

0 1 2 3 4 5 6 7 8 9

A B C D E F G H I J K L M

N O P Q R S T U V W X Y Z

a b c d e f g h i j k l m n o p q r s t u v w x y z

Joric

Confío en mis habilidades creativas.

0 1 2 3 4 5 6 7 8 9

A B C D E F G H I J K L M

N O P Q R S T U V W X Y Z

a b c d e f g h i j k l m n o p q r s t u v w x y z

JS Chanok

Confío en mis habilidades creativas.

0 1 2 3 4 5 6 7 8 9

A B C D E F G H I J K L M

N O P Q R S T U V W X Y Z

a b c d e f g h i j k l m n o p q r s t u v w x y z

Kabel

Confío en mis habilidades creativas.

0 1 2 3 4 5 6 7 8 9

A B C D E F G H I J K L M

N O P Q R S T U V W X Y Z

a b c d e f g h i j k l m n o p q r s t u v w x y z

Kinnari

Confío en mis habilidades creativas.

0 1 2 3 4 5 6 7 8 9

A B C D E F G H I J K L M

N O P Q R S T U V W X Y Z

a b c d e f g h i j k l m n o p q r s t u v w x y z

Klemer Display

Confío en mis habilidades creativas.

0 1 2 3 4 5 6 7 8 9

A B C D E F G H I J K L M

N O P Q R S T U V W X Y Z

a b c d e f g h i j k l m n o p q r s t u v w x y z

Limelight

Confío en mis habilidades creativas.

0 1 2 3 4 5 6 7 8 9

A B C D E F G H I J K L M

N O P Q R S T U V W X Y Z

a b c d e f g h i j k l m n o p q r s t u v w x y z

Lobster

Confío en mis habilidades creativas.
0 1 2 3 4 5 6 7 8 9
A B C D E F G H I J K L M
N O P Q R S T U V W X Y Z
a b c d e f g h i j k l m n o p q r s t u v w x y z

Loubag

Confío en mis habilidades creativas.
0 1 2 3 4 5 6 7 8 9
A B C D E F G H I J K L M
N O P Q R S T U V W X Y Z
a b c d e f g h i j k l m n o p q r s t u v w x y z

Lovelo

CONFÍO EN MIS HABILIDADES CREATIVAS.
0 1 2 3 4 5 6 7 8 9
A B C D E F G H I J K L M
N O P Q R S T U V W X Y Z

* No tiene tipografía en minúsculas

Mak

Confío en mis habilidades creativas.

0 1 2 3 4 5 6 7 8 9

A B C D E F G H I J K L M

N O P Q R S T U V W X Y Z

a b c d e f g h i j k l m n o p q r s t u v w x y z

Mestizo

CONFÍO EN MIS HABILIDADES CREATIVAS.

0 1 2 3 4 5 6 7 8 9

A B C D E F G H I J K L M

N O P Q R S T U V W X Y Z

A B C D E F G H I J K L M N O P Q R S T U V W X Y Z

Meteoritika

CONFÍO EN MIS HABILIDADES CREATIVAS.

0 1 2 3 4 5 6 7 8 9

A B C D E F G H I J K L M

N O P Q R S T U V W X Y Z

A B C D E F G H I J K L M N O P Q R S T U V W X Y Z

Migaela

Confío en mis habilidades creativas.

0 1 2 3 4 5 6 7 8 9

A B C D E F G H I J K L M

N O P Q R S T U V W X Y Z

a b c d e f g h i j k l m n o p q r s t u v w x y z

Monfem

Confío en mis habilidades creativas.

0 1 2 3 4 5 6 7 8 9

A B C D E F G H I J K L M

N O P Q R S T U V W X Y Z

a b c d e f g h i j k l m n o p q r s t u v w x y z

Monoton

CONFÍO EN MIS HABILIDADES CREATIVAS.

0123456789

A B C D E F G H I J K L M

N O P Q R S T U V W X Y Z

ABCDEFGHIJKLMNOPQRSTUVWXYZ

Nectarine

CONFÍO EN MIS HABILIDADES CREATIVAS.

0 1 2 3 4 5 6 7 8 9

A B C D E F G H I J K L M
N O P Q R S T U V W X Y Z
A B C D E F G H I J K L M N O P Q R S T U V W X Y Z

Oregano

Confío en mis habilidades creativas.

0 1 2 3 4 5 6 7 8 9

A B C D E F G H I J K L M
N O P Q R S T U V W X Y Z
a b c d e f g h i j k l m n o p q r s t u v w x y z

Pattaya

Confío en mis habilidades creativas.

0 1 2 3 4 5 6 7 8 9

A B C D E F G H I J K L M
N O P Q R S T U V W X Y Z
a b c d e f g h i j k l m n o p q r s t u v w x y z

PL Benguiat Frisky

Confío en mis habilidades creativas.
0 1 2 3 4 5 6 7 8 9
A B C D E F G H I J K L M
N O P Q R S T U V W X Y Z
a b c d e f g h i j k l m n o p q r s t u v w x y z

Retropix

Confío en mis habilidades creativas.
0 1 2 3 4 5 6 7 8 9
A B C D E F G H I J K L M
N O P Q R S T U V W X Y Z
a b c d e f g h i j k l m n o p q r s t u v w x y z

Roller Coaster Serif

Confío en mis habilidades creativas.
0 1 2 3 4 5 6 7 8 9
A B C D E F G H I J K L M
N O P Q R S T U V W X Y Z
a b c d e f g h i j k l m n o p q r s t u v w x y z

Rugrats

Confío en mis habilidades creativas.

0 1 2 3 4 5 6 7 8 9

A B C D E F G H I J K L M

N O P Q R S T U V W X Y Z

a b c d e f g h i j k l m n o p q r s t u v w x y z

ST Petrovica

CONFÍO EN MIS HABILIDADES CREATIVAS.

0 1 2 3 4 5 6 7 8 9

A B C D E F G H I J K L M

N O P Q R S T U V W X Y Z

A B C D E F G H I J K L M N O P Q R S T U V W X Y Z

Sugo Display

Confío en mis habilidades creativas.

0 1 2 3 4 5 6 7 8 9

A B C D E F G H I J K L M

N O P Q R S T U V W X Y Z

a b c d e f g h i j k l m n o p q r s t u v w x y z

TAN Astoria

Confío en mis habilidades creativas.
0 1 2 3 4 5 6 7 8 9
A B C D E F G H I J K L M
N O P Q R S T U V W X Y Z
a b c d e f g h i j k l m n o p q r s t u v w x y z

TAN Meringue

Confío en mis habilidades creativas.
0 1 2 3 4 5 6 7 8 9
A B C D E F G H I J K L M
N O P Q R S T U V W X Y Z
a b c d e f g h i j k l m n o p q r s t u v w x y z

TAN Ninbus

Confío en mis habilidades creativas.
0 1 2 3 4 5 6 7 8 9
A B C D E F G H I J K L M
N O P Q R S T U V W X Y Z
a b c d e f g h i j k l m n o p q r s t u v w x y z

Trochut

Confío en mis habilidades creativas.

0 1 2 3 4 5 6 7 8 9

A B C D E F G H I J K L M

N O P Q R S T U V W X Y Z

a b c d e f g h i j k l m n o p q r s t u v w x y z

UKIJ Ruqi

Confío en mis habilidades creativas.

0 1 2 3 4 5 6 7 8 9

A B C D E F G H I J K L M

N O P Q R S T U V W X Y Z

a b c d e f g h i j k l m n o p q r s t u v w x y z

Vintage Rotter

Confío en mis habilidades creativas.

0 1 2 3 4 5 6 7 8 9

A B C D E F G H I J K L M

N O P Q R S T U V W X Y Z

a b c d e f g h i j k l m n o p q r s t u v w x y z

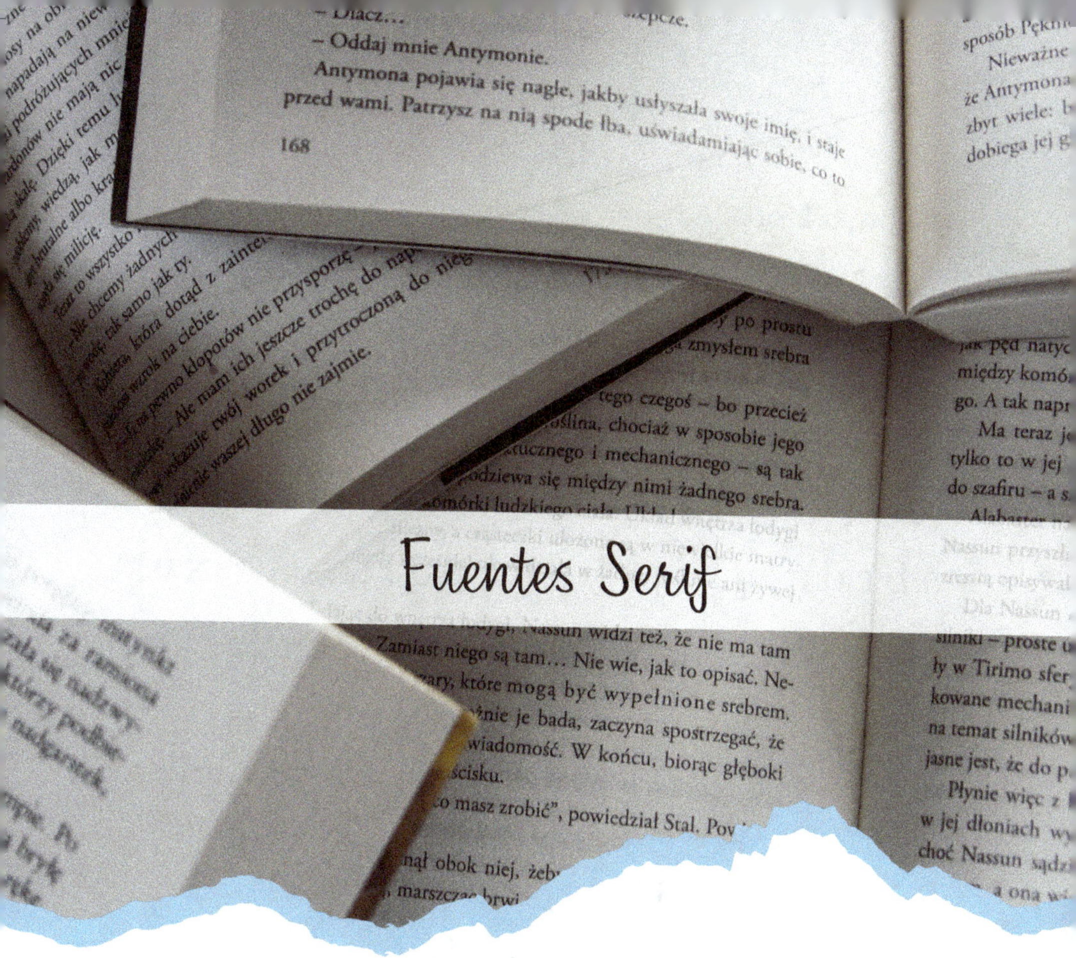

Fuentes Serif

Se caracterizan por tener pequeños adornos o remates en las extremidades de las letras, lo que les confiere un aspecto clásico y sofisticado. Estas tipografías son ideales para proyectos que buscan evocar una sensación de tradición y formalidad, como **documentos académicos, libros impresos, periódicos, invitaciones de bodas, y logotipos de empresas** con un enfoque en la autenticidad y la confiabilidad. Son perfectas para comunicar información importante con estilo.

Te presento las fuentes en su estilo normal, y también en su estilo cursivo. La razón es que, al pasar del estilo normal al cursivo, experimentarás una transformación visual notable. Este cambio puede abrir nuevas posibilidades creativas y permitirte adaptar la fuente a diferentes contextos y expresiones. Así, tendrás a tu disposición una gama aún más amplia de herramientas tipográficas para tus proyectos.

Abhaya Libre

Valorizo mi capacidad para pensar de forma creativa.

Valorizomi capacidad para pensar de forma creativa.

0 1 2 3 4 5 6 7 8 9

A B C D E F G H I J K L M
N O P Q R S T U V W X Y Z

a b c d e f g h i j k l m n o p q r s t u v w x y z

Alice

Valorizo mi capacidad para pensar de forma creativa.

Valorizomi capacidad para pensar de forma creativa.

0 1 2 3 4 5 6 7 8 9

A B C D E F G H I J K L M
N O P Q R S T U V W X Y Z

a b c d e f g h i j k l m n o p q r s t u v w x y z

Bad Russian

VALORIZO MI CAPACIDAD PARA PENSAR DE FORMA CREATIVA.

0 1 2 3 4 5 6 7 8 9

A B C D E F G H I J K L M

N O P Q R S T U V W X Y Z

* No tiene estilo cursivo.
* No tiene tipografía en minúsculas.

Bodoni FLF

Valorizo mi capacidad para pensar de forma creativa.
Valorizomi capacidad para pensar de forma creativa.

0 1 2 3 4 5 6 7 8 9

A B C D E F G H I J K L M

N O P Q R S T U V W X Y Z

a b c d e f g h i j k l m n o p q r s t u v w x y z

Bree Serif

Valorizo mi capacidad para pensar de forma creativa.

0 1 2 3 4 5 6 7 8 9

A B C D E F G H I J K L M

N O P Q R S T U V W X Y Z

a b c d e f g h i j k l m n o p q r s t u v w x y z

* No tiene estilo cursivo.

Brixton

Valorizo mi capacidad para pensar de forma creativa.

0 1 2 3 4 5 6 7 8 9

A B C D E F G H I J K L M

N O P Q R S T U V W X Y Z

a b c d e f g h i j k l m n o p q r s t u v w x y z

* No tiene estilo cursivo.

Cardo

Valorizo mi capacidad para pensar de forma creativa.
Valorizo mi capacidad para pensar de forma creativa.
0 1 2 3 4 5 6 7 8 9
A B C D E F G H I J K L M
N O P Q R S T U V W X Y Z
a b c d e f g h i j k l m n o p q r s t u v w x y z

Caslon #3

Valorizo mi capacidad para pensar de forma creativa.
Valorizo mi capacidad para pensar de forma creativa.
0 1 2 3 4 5 6 7 8 9
A B C D E F G H I J K L M
N O P Q R S T U V W X Y Z
a b c d e f g h i j k l m n o p q r s t u v w x y z

Centaur

Valorizo mi capacidad para pensar de forma creativa.
Valorizo mi capacidad para pensar de forma creativa.
0 1 2 3 4 5 6 7 8 9
A B C D E F G H I J K L M
N O P Q R S T U V W X Y Z
a b c d e f g h i j k l m n o p q r s t u v w x y z

Chunk Five

Valorizo mi capacidad para pensar de forma creativa.

0 1 2 3 4 5 6 7 8 9

A B C D E F G H I J K L M

N O P Q R S T U V W X Y Z

a b c d e f g h i j k l m n o p q r s t u v w x y z

* No tiene estilo cursivo.

CMU Serif

Valorizo mi capacidad para pensar de forma creativa.

Valorizo mi capacidad para pensar de forma creativa.

0 1 2 3 4 5 6 7 8 9

A B C D E F G H I J K L M

N O P Q R S T U V W X Y Z

a b c d e f g h i j k l m n o p q r s t u v w x y z

Corben

Valorizo mi capacidad para pensar de forma creativa.

0123456789

ABCDEFGHIJKLM

NOPQRSTUVWXYZ

abcdefghijklmnopqrstuvwxyz

* No tiene estilo cursivo.

Copperplate Gothic 29 AB

VALORIZO MI CAPACIDAD PARA PENSAR DE FORMA CREATIVA.

0 1 2 3 4 5 6 7 8 9

A B C D E F G H I J K L M

N O P Q R S T U V W X Y Z

A B C D E F G H I J K L M N O P Q R S T U V W X Y Z

* No tiene estilo cursivo.

Courier PS

Valorizo mi capacidad para pensar de forma creativa.

Valorizo mi capacidad para pensar de forma creativa.

0 1 2 3 4 5 6 7 8 9

A B C D E F G H I J K L M

N O P Q R S T U V W X Y Z

a b c d e f g h i j k l m n o p q r s t u v w x y z

Cyrillic Bodoni

Valorizo mi capacidad para pensar de forma creativa.

Valorizo mi capacidad para pensar de forma creativa.

0 1 2 3 4 5 6 7 8 9

A B C D E F G H I J K L M

N O P Q R S T U V W X Y Z

a b c d e f g h i j k l m n o p q r s t u v w x y z

DejaVu Serif

Valorizo mi capacidad para pensar de forma creativa.

Valorizo mi capacidad para pensar de forma creativa.

0 1 2 3 4 5 6 7 8 9

A B C D E F G H I J K L M

N O P Q R S T U V W X Y Z

a b c d e f g h i j k l m n o p q r s t u v w x y z

FB Klulot

Valorizo mi capacidad para pensar de forma creativa.

0 1 2 3 4 5 6 7 8 9

A B C D E F G H I J K L M

N O P Q R S T U V W X Y Z

a b c d e f g h i j k l m n o p q r s t u v w x y z

* No tiene estilo cursivo.

Flatory Serif

Valorizo mi capacidad para pensar de forma creativa.

Valorizo mi capacidad para pensar de forma creativa.

0 1 2 3 4 5 6 7 8 9

A B C D E F G H I J K L M

N O P Q R S T U V W X Y Z

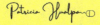

a b c d e f g h i j k l m n o p q r s t u v w x y z

Forum

Valorizo mi capacidad para pensar de forma creativa.
0 1 2 3 4 5 6 7 8 9
A B C D E F G H I J K L M
N O P Q R S T U V W X Y Z
a b c d e f g h i j k l m n o p q r s t u v w x y z
* No tiene estilo cursivo.

Fraunces

Valorizo mi capacidad para pensar de forma creativa.
Valorizo mi capacidad para pensar de forma creativa.
0 1 2 3 4 5 6 7 8 9
A B C D E F G H I J K L M
N O P Q R S T U V W X Y Z
a b c d e f g h i j k l m n o p q r s t u v w x y z

Fry's Baskerville

Valorizo mi capacidad para pensar de forma creativa.
0 1 2 3 4 5 6 7 8 9
A B C D E F G H I J K L M
N O P Q R S T U V W X Y Z
a b c d e f g h i j k l m n o p q r s t u v w x y z
* No tiene estilo cursivo.

Garamond

Valorizo mi capacidad para pensar de forma creativa.
Valorizo mi capacidad para pensar de forma creativa.

0 1 2 3 4 5 6 7 8 9

A B C D E F G H I J K L M
N O P Q R S T U V W X Y Z

a b c d e f g h i j k l m n o p q r s t u v w x y z

Garbata

Valorizo mi capacidad para pensar de forma creativa.
Valorizo mi capacidad para pensar de forma creativa.

0 1 2 3 4 5 6 7 8 9

A B C D E F G H I J K L M
N O P Q R S T U V W X Y Z

a b c d e f g h i j k l m n o p q r s t u v w x y z

GFS Artemisia

Valorizo mi capacidad para pensar de forma creativa.
Valorizo mi capacidad para pensar de forma creativa.

0 1 2 3 4 5 6 7 8 9

A B C D E F G H I J K L M
N O P Q R S T U V W X Y Z

a b c d e f g h i j k l m n o p q r s t u v w x y z

Gill Sans

Valorizo mi capacidad para pensar de forma creativa.
Valorizo mi capacidad para pensar de forma creativa.
0 1 2 3 4 5 6 7 8 9
A B C D E F G H I J K L M
N O P Q R S T U V W X Y Z
a b c d e f g h i j k l m n o p q r s t u v w x y z

Grand Cru S

Valorizo mi capacidad para pensar de forma creativa.
Valorizo mi capacidad para pensar de forma creativa.
0 1 2 3 4 5 6 7 8 9
A B C D E F G H I J K L M
N O P Q R S T U V W X Y Z
a b c d e f g h i j k l m n o p q r s t u v w x y z

Grenze

Valorizo mi capacidad para pensar de forma creativa.
Valorizo mi capacidad para pensar de forma creativa.
0 1 2 3 4 5 6 7 8 9
A B C D E F G H I J K L M
N O P Q R S T U V W X Y Z
a b c d e f g h i j k l m n o p q r s t u v w x y z

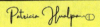

Hina-Mincho

Valorizo mi capacidad para pensar de forma creativa.
0 1 2 3 4 5 6 7 8 9
A B C D E F G H I J K L M
N O P Q R S T U V W X Y Z
a b c d e f g h i j k l m n o p q r s t u v w x y z
* No tiene estilo cursivo.

IBM Plex Serif

Valorizo mi capacidad para pensar de forma creativa.
Valorizo mi capacidad para pensar de forma creativa.
0 1 2 3 4 5 6 7 8 9
A B C D E F G H I J K L M
N O P Q R S T U V W X Y Z
a b c d e f g h i j k l m n o p q r s t u v w x y z

IM Fell

Valorizo mi capacidad para pensar de forma creativa.
Valorizo mi capacidad para pensar de forma creativa.
0 1 2 3 4 5 6 7 8 9
A B C D E F G H I J K L M
N O P Q R S T U V W X Y Z
a b c d e f g h i j k l m n o p q r s t u v w x y z

Inknut Antiqua

Valorizo mi capacidad para pensar de forma creativa.
0 1 2 3 4 5 6 7 8 9
A B C D E F G H I J K L M
N O P Q R S T U V W X Y Z
a b c d e f g h i j k l m n o p q r s t u v w x y z

* No tiene estilo cursivo.

ITC Benguiat

Valorizo mi capacidad para pensar de forma creativa.
Valorizo mi capacidad para pensar de forma creativa.
0 1 2 3 4 5 6 7 8 9
A B C D E F G H I J K L M
N O P Q R S T U V W X Y Z
a b c d e f g h i j k l m n o p q r s t u v w x y z

Josefin Sans

Valorizo mi capacidad para pensar de forma creativa.
Valorizo mi capacidad para pensar de forma creativa.
0 1 2 3 4 5 6 7 8 9
A B C D E F G H I J K L M
N O P Q R S T U V W X Y Z
a b c d e f g h i j k l m n o p q r s t u v w x y z

Josefin Slab

Valorizo mi capacidad para pensar de forma creativa.
Valorizo mi capacidad para pensar de forma creativa.
0 1 2 3 4 5 6 7 8 9
A B C D E F G H I J K L M
N O P Q R S T U V W X Y Z
a b c d e f g h i j k l m n o p q r s t u v w x y z

Kompot Slab

VALORIZO MI CAPACIDAD PARA PENSAR DE FORMA CREATIVA.
0 1 2 3 4 5 6 7 8 9
A B C D E F G H I J K L M
N O P Q R S T U V W X Y Z
* No tiene estilo cursivo.
* No tiene tipografía en minúsculas.

Kuchek

Valorizo mi capacidad para pensar de forma creativa.
0 1 2 3 4 5 6 7 8 9
A B C D E F G H I J K L M
N O P Q R S T U V W X Y Z
a b c d e f g h i j k l m n o p q r s t u v w x y z
* No tiene estilo cursivo.

Kulachat Serif

Valorizo mi capacidad para pensar de forma creativa.
Valorizo mi capacidad para pensar de forma creativa.

0 1 2 3 4 5 6 7 8 9

A B C D E F G H I J K L M
N O P Q R S T U V W X Y Z
a b c d e f g h i j k l m n o p q r s t u v w x y z

Kumar One

Valorizo mi capacidad para pensar de forma creativa.

0 1 2 3 4 5 6 7 8 9

A B C D E F G H I J K L M
N O P Q R S T U V W X Y Z
a b c d e f g h i j k l m n o p q r s t u v w x y z

* No tiene estilo cursivo.

Kurale

Valorizo mi capacidad para pensar de forma creativa.

0 1 2 3 4 5 6 7 8 9

A B C D E F G H I J K L M
N O P Q R S T U V W X Y Z
a b c d e f g h i j k l m n o p q r s t u v w x y z

* No tiene estilo cursivo.

Laila

Valorizo mi capacidad para pensar de forma creativa.
0 1 2 3 4 5 6 7 8 9
A B C D E F G H I J K L M
N O P Q R S T U V W X Y Z
a b c d e f g h i j k l m n o p q r s t u v w x y z
* No tiene estilo cursivo.

Lora

Valorizo mi capacidad para pensar de forma creativa.
Valorizo mi capacidad para pensar de forma creativa.
0 1 2 3 4 5 6 7 8 9
A B C D E F G H I J K L M
N O P Q R S T U V W X Y Z
a b c d e f g h i j k l m n o p q r s t u v w x y z

Lazord Slab Serif

Valorizo mi capacidad para pensar de forma creativa.
Valorizo mi capacidad para pensar de forma creativa.
0 1 2 3 4 5 6 7 8 9
A B C D E F G H I J K L M
N O P Q R S T U V W X Y Z
a b c d e f g h i j k l m n o p q r s t u v w x y z

League Spartan

Valorizo mi capacidad para pensar de forma creativa.

0 1 2 3 4 5 6 7 8 9

A B C D E F G H I J K L M

N O P Q R S T U V W X Y Z

a b c d e f g h i j k l m n o p q r s t u v w x y z

* No tiene estilo cursivo.

Libre Baskerville

Valorizo mi capacidad para pensar de forma creativa.

Valorizo mi capacidad para pensar de forma creativa.

0 1 2 3 4 5 6 7 8 9

A B C D E F G H I J K L M

N O P Q R S T U V W X Y Z

a b c d e f g h i j k l m n o p q r s t u v w x y z

Life Savers

Valorizo mi capacidad para pensar de forma creativa.

0 1 2 3 4 5 6 7 8 9

A B C D E F G H I J K L M

N O P Q R S T U V W X Y Z

a b c d e f g h i j k l m n o p q r s t u v w x y z

* No tiene estilo cursivo.

Literaturnaya

Valorizo mi capacidad para pensar de forma creativa.
Valorizo mi capacidad para pensar de forma creativa.
0 1 2 3 4 5 6 7 8 9
A B C D E F G H I J K L M
N O P Q R S T U V W X Y Z
a b c d e f g h i j k l m n o p q r s t u v w x y z

Lovelace Text

Valorizo mi capacidad para pensar de forma creativa.
Valorizo mi capacidad para pensar de forma creativa.
0 1 2 3 4 5 6 7 8 9
A B C D E F G H I J K L M
N O P Q R S T U V W X Y Z
a b c d e f g h i j k l m n o p q r s t u v w x y z

Luthier

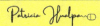

Valorizo mi capacidad para pensar de forma creativa.
Valorizo mi capacidad para pensar de forma creativa.
0 1 2 3 4 5 6 7 8 9
A B C D E F G H I J K L M
N O P Q R S T U V W X Y Z
a b c d e f g h i j k l m n o p q r s t u v w x y z

Merriweather

Valorizo mi capacidad para pensar de forma creativa.
Valorizo mi capacidad para pensar de forma creativa.

0 1 2 3 4 5 6 7 8 9

A B C D E F G H I J K L M
N O P Q R S T U V W X Y Z

a b c d e f g h i j k l m n o p q r s t u v w x y z

Niconne

Valorizo mi capacidad para pensar de forma creativa.

0 1 2 3 4 5 6 7 8 9

A B C D E F G H I J K L M
N O P Q R S T U V W X Y Z

a b c d e f g h i j k l m n o p q r s t u v w x y z

* Su estilo es cursivo.

Noto Serif

Valorizo mi capacidad para pensar de forma creativa.
Valorizo mi capacidad para pensar de forma creativa.

0 1 2 3 4 5 6 7 8 9

A B C D E F G H I J K L M

N O P Q R S T U V W X Y Z

a b c d e f g h i j k l m n o p q r s t u v w x y z

Now

Valorizo mi capacidad para pensar de forma creativa.

0 1 2 3 4 5 6 7 8 9

A B C D E F G H I J K L M

N O P Q R S T U V W X Y Z

a b c d e f g h i j k l m n o p q r s t u v w x y z

* No tiene estilo cursivo.

Oranienbaum

Valorizo mi capacidad para pensar de forma creativa.

0 1 2 3 4 5 6 7 8 9

A B C D E F G H I J K L M

N O P Q R S T U V W X Y Z

a b c d e f g h i j k l m n o p q r s t u v w x y z

* No tiene estilo cursivo.

Quintessential

Valorizo mi capacidad para pensar de forma creativa.

0 1 2 3 4 5 6 7 8 9

A B C D E F G H I J K L M

N O P Q R S T U V W X Y Z

a b c d e f g h i j k l m n o p q r s t u v w x y z

* No tiene estilo cursivo.

Radcliffe

Valorizo mi capacidad para pensar de forma creativa.
Valorizo mi capacidad para pensar de forma creativa.
0 1 2 3 4 5 6 7 8 9
A B C D E F G H I J K L M
N O P Q R S T U V W X Y Z
a b c d e f g h i j k l m n o p q r s t u v w x y z

RoxboroughCF

Valorizo mi capacidad para pensar de forma creativa.
Valorizo mi capacidad para pensar de forma creativa.
0 1 2 3 4 5 6 7 8 9
A B C D E F G H I J K L M
N O P Q R S T U V W X Y Z
a b c d e f g h i j k l m n o p q r s t u v w x y z

Sanchez

Valorizo mi capacidad para pensar de forma creativa.
Valorizo mi capacidad para pensar de forma creativa.
0 1 2 3 4 5 6 7 8 9
A B C D E F G H I J K L M
N O P Q R S T U V W X Y Z
a b c d e f g h i j k l m n o p q r s t u v w x y z

Sansita

Valorizo mi capacidad para pensar de forma creativa.
Valorizo mi capacidad para pensar de forma creativa.
0 1 2 3 4 5 6 7 8 9
A B C D E F G H I J K L M
N O P Q R S T U V W X Y Z
a b c d e f g h i j k l m n o p q r s t u v w x y z

Santiphap

Valorizo mi capacidad para pensar de forma creativa.
Valorizo mi capacidad para pensar de forma creativa.
0 1 2 3 4 5 6 7 8 9
A B C D E F G H I J K L M
N O P Q R S T U V W X Y Z
a b c d e f g h i j k l m n o p q r s t u v w x y z

Suranna

Valorizo mi capacidad para pensar de forma creativa.
0 1 2 3 4 5 6 7 8 9
A B C D E F G H I J K L M
N O P Q R S T U V W X Y Z
a b c d e f g h i j k l m n o p q r s t u v w x y z
* No tiene estilo cursivo.

Times New Roman

Valorizo mi capacidad para pensar de forma creativa.
Valorizo mi capacidad para pensar de forma creativa.
0 1 2 3 4 5 6 7 8 9
A B C D E F G H I J K L M
N O P Q R S T U V W X Y Z
a b c d e f g h i j k l m n o p q r s t u v w x y z

The Youngest Serif

Valorizo mi capacidad para pensar de forma creativa.
0 1 2 3 4 5 6 7 8 9
A B C D E F G H I J K L M
N O P Q R S T U V W X Y Z
a b c d e f g h i j k l m n o p q r s t u v w x y z

* No tiene estilo cursivo.

TT Ramillas

Valorizo mi capacidad para pensar de forma creativa.
Valorizo mi capacidad para pensar de forma creativa.
0 1 2 3 4 5 6 7 8 9
A B C D E F G H I J K L M
N O P Q R S T U V W X Y Z
a b c d e f g h i j k l m n o p q r s t u v w x y z

TT Tsars A

VALORIZO MI CAPACIDAD PARA PENSAR DE FORMA CREATIVA.

0 1 2 3 4 5 6 7 8 9

A B C D E F G H I J K L M

N O P Q R S T U V W X Y Z

A B C D E F G H I J K L M N O P Q R S T U V W X Y Z

* No tiene estilo cursivo.

Vollkorn

Valorizo mi capacidad para pensar de forma creativa.

Valorizo mi capacidad para pensar de forma creativa.

0 1 2 3 4 5 6 7 8 9

A B C D E F G H I J K L M

N O P Q R S T U V W X Y Z

a b c d e f g h i j k l m n o p q r s t u v w x y z

Zenaida

Valorizo mi capacidad para pensar de forma creativa.

0 1 2 3 4 5 6 7 8 9

A B C D E F G H I J K L M

N O P Q R S T U V W X Y Z

a b c d e f g h i j k l m n o p q r s t u v w x y z

* No tiene estilo cursivo.

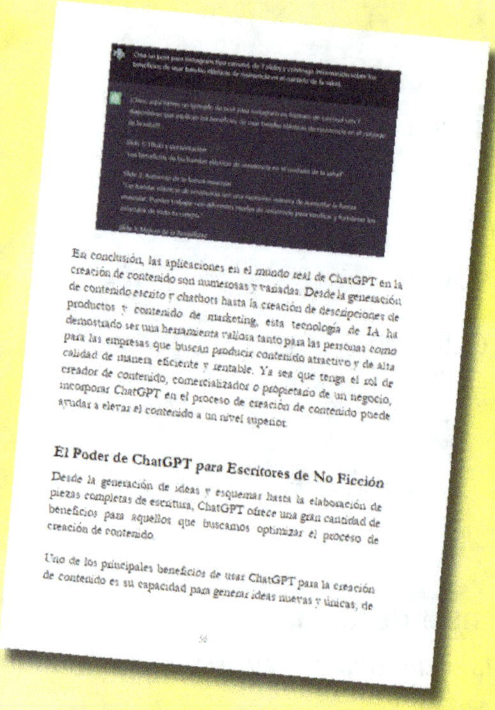
En conclusión, las aplicaciones en el mundo real de ChatGPT en la creación de contenido son numerosas y variadas. Desde la generación de contenido escrito y chatbots hasta la creación de descripciones de productos y contenido de marketing, esta tecnología de IA ha demostrado ser una herramienta valiosa tanto para las personas como para las empresas que buscan producir contenido atractivo y de alta calidad de manera eficiente y rentable. Ya sea que tenga el rol de creador de contenido, comercializador o propietario de un negocio, incorporar ChatGPT en el proceso de creación de contenido puede ayudar a elevar el contenido a un nivel superior.
El Poder de ChatGPT para Escritores de No Ficción
Desde la generación de ideas y esquemas hasta la elaboración de piezas completas de escritura, ChatGPT ofrece una gran cantidad de beneficios para aquellos que buscamos optimizar el proceso de creación de contenido.
Uno de los principales beneficios de usar ChatGPT para la creación de contenido es su capacidad para generar ideas nuevas y únicas, de

INTELIGENCIA ARTIFICIAL PARA
ESCRITORES DE NO FICCION
Patricia Hualpa
ACELERA TU PROCESO DE ESCRITURA Y CREATIVIDAD CON CHATGPT

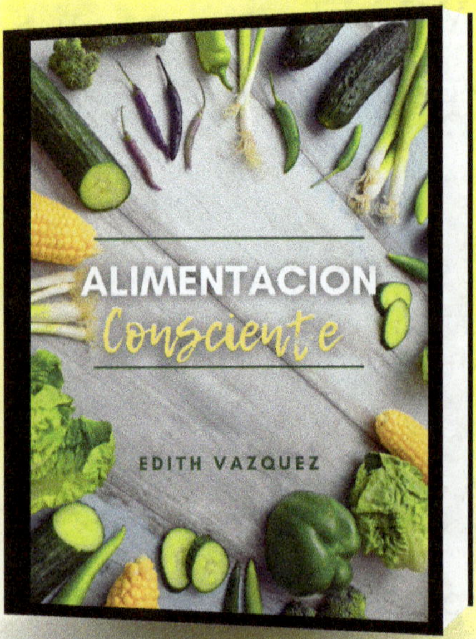
ALIMENTACION
Consciente
EDITH VAZQUEZ

MODULO I
Jugo Desintoxicante
Con este jugo verde conseguirás una piel bonita y unos riñones limpios.
Ingredientes:
• Un puño de espinacas
• 1/2 pepino en rodajas
• 2 varitas de apio
• 1 trocito de jengibre (kión) o 1 cucharadita de jengibre en polvo
• Jugo de 1 limón
• 1 vaso de agua
Opcional:
• Perejil y/o rabanitos.
Procedimiento:
Colocar todos los ingredientes juntos y licuar.
Nota :
Tomarlo en ayunas.
Luego de 2 semanas tomando este jugo puedes agregarle una manzana pequeña del color que prefieras.
EDITH VAZQUEZ

Fuentes Sans Serif

Estas fuentes se caracterizan por carecer de los remates decorativos en las extremidades de las letras, lo que les otorga un aspecto limpio y moderno. Su simplicidad las hace altamente legibles, especialmente en entornos digitales, y las convierte en una elección popular para una variedad de diseños contemporáneos.

Puedes utilizar fuentes sans serif en proyectos donde la claridad y la modernidad son fundamentales, como **sitios web, blogs, presentaciones, documentos de negocios o carteles informativos.**

También son ideales cuando buscas un aspecto profesional y pulido sin distracciones visuales.

Aileron

Aprecio y abrazo mi estilo único.

0 1 2 3 4 5 6 7 8 9

A B C D E F G H I J K L M

N O P Q R S T U V W X Y Z

a b c d e f g h i j k l m n o p q r s t u v w x y z

Alata

Aprecio y abrazo mi estilo único.

0 1 2 3 4 5 6 7 8 9

A B C D E F G H I J K L M

N O P Q R S T U V W X Y Z

a b c d e f g h i j k l m n o p q r s t u v w x y z

Alegreya Sans

Aprecio y abrazo mi estilo único.

0 1 2 3 4 5 6 7 8 9

A B C D E F G H I J K L M

N O P Q R S T U V W X Y Z

a b c d e f g h i j k l m n o p q r s t u v w x y z

Blacker Sans Pro

Aprecio y abrazo mi estilo único

0 1 2 3 4 5 6 7 8 9

A B C D E F G H I J K L M

N O P Q R S T U V W X Y Z

a b c d e f g h i j k l m n o p q r s t u v w x y z

B612

Aprecio y abrazo mi estilo único.

0 1 2 3 4 5 6 7 8 9

A B C D E F G H I J K L M

N O P Q R S T U V W X Y Z

a b c d e f g h i j k l m n o p q r s t u v w x y z

Calmius Sans Low

Aprecio y abrazo mi estilo único.

0 1 2 3 4 5 6 7 8 9

A B C D E F G H I J K L M

N O P Q R S T U V W X Y Z

a b c d e f g h i j k l m n o p q r s t u v w x y z

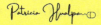

Canva Sans

Aprecio y abrazo mi estilo único.

0 1 2 3 4 5 6 7 8 9

A B C D E F G H I J K L M

N O P Q R S T U V W X Y Z

a b c d e f g h i j k l m n o p q r s t u v w x y z

Century Gotic Paneurop

Aprecio y abrazo mi estilo único.

0 1 2 3 4 5 6 7 8 9

A B C D E F G H I J K L M

N O P Q R S T U V W X Y Z

a b c d e f g h i j k l m n o p q r s t u v w x y z

Didact Gothic

Aprecio y abrazo mi estilo único.

0 1 2 3 4 5 6 7 8 9

A B C D E F G H I J K L M

N O P Q R S T U V W X Y Z

a b c d e f g h i j k l m n o p q r s t u v w x y z

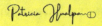

Fredoka One

Aprecio y abrazo mi estilo único.

0 1 2 3 4 5 6 7 8 9

A B C D E F G H I J K L M

N O P Q R S T U V W X Y Z

a b c d e f g h i j k l m n o p q r s t u v w x y z

Futura

Aprecio y abrazo mi estilo único.

0 1 2 3 4 5 6 7 8 9

A B C D E F G H I J K L M

N O P Q R S T U V W X Y Z

a b c d e f g h i j k l m n o p q r s t u v w x y z

Garet

Aprecio y abrazo mi estilo único.

0 1 2 3 4 5 6 7 8 9

A B C D E F G H I J K L M

N O P Q R S T U V W X Y Z

a b c d e f g h i j k l m n o p q r s t u v w x y z

Glacial Indifference

Aprecio y abrazo mi estilo único.

0 1 2 3 4 5 6 7 8 9

A B C D E F G H I J K L M

N O P Q R S T U V W X Y Z

a b c d e f g h i j k l m n o p q r s t u v w x y z

Harmattan

Aprecio y abrazo mi estilo único.

0 1 2 3 4 5 6 7 8 9

A B C D E F G H I J K L M

N O P Q R S T U V W X Y Z

a b c d e f g h i j k l m n o p q r s t u v w x y z

Helvetica World

Aprecio y abrazo mi estilo único.

0 1 2 3 4 5 6 7 8 9

A B C D E F G H I J K L M

N O P Q R S T U V W X Y Z

a b c d e f g h i j k l m n o p q r s t u v w x y z

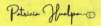

Hero

Aprecio y abrazo mi estilo único.
0 1 2 3 4 5 6 7 8 9
A B C D E F G H I J K L M
N O P Q R S T U V W X Y Z
a b c d e f g h i j k l m n o p q r s t u v w x y z

HK Grotesk

Aprecio y abrazo mi estilo único.
0 1 2 3 4 5 6 7 8 9
A B C D E F G H I J K L M
N O P Q R S T U V W X Y Z
a b c d e f g h i j k l m n o p q r s t u v w x y z

Hussar Bold

Aprecio y abrazo mi estilo único.
0 1 2 3 4 5 6 7 8 9
A B C D E F G H I J K L M
N O P Q R S T U V W X Y Z
a b c d e f g h i j k l m n o p q r s t u v w x y z

Kollektif

Aprecio y abrazo mi estilo único.

0 1 2 3 4 5 6 7 8 9

A B C D E F G H I J K L M

N O P Q R S T U V W X Y Z

a b c d e f g h i j k l m n o p q r s t u v w x y z

Lato

Aprecio y abrazo mi estilo único.

0 1 2 3 4 5 6 7 8 9

A B C D E F G H I J K L M

N O P Q R S T U V W X Y Z

a b c d e f g h i j k l m n o p q r s t u v w x y z

League Gothic

Aprecio y abrazo mi estilo único.

0 1 2 3 4 5 6 7 8 9

A B C D E F G H I J K L M

N O P Q R S T U V W X Y Z

a b c d e f g h i j k l m n o p q r s t u v w x y z

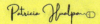

League Spartan

Aprecio y abrazo mi estilo único.
0 1 2 3 4 5 6 7 8 9
A B C D E F G H I J K L M
N O P Q R S T U V W X Y Z
a b c d e f g h i j k l m n o p q r s t u v w x y z

Livvic

Aprecio y abrazo mi estilo único.
0 1 2 3 4 5 6 7 8 9
A B C D E F G H I J K L M
N O P Q R S T U V W X Y Z
a b c d e f g h i j k l m n o p q r s t u v w x y z

Manjari

Aprecio y abrazo mi estilo único.
0 1 2 3 4 5 6 7 8 9
A B C D E F G H I J K L M
N O P Q R S T U V W X Y Z
a b c d e f g h i j k l m n o p q r s t u v w x y z

Martel Sans

Aprecio y abrazo mi estilo único.

0 1 2 3 4 5 6 7 8 9

A B C D E F G H I J K L M

N O P Q R S T U V W X Y Z

a b c d e f g h i j k l m n o p q r s t u v w x y z

Montserrat

Aprecio y abrazo mi estilo único.

0 1 2 3 4 5 6 7 8 9

A B C D E F G H I J K L M

N O P Q R S T U V W X Y Z

a b c d e f g h i j k l m n o p q r s t u v w x y z

Montserrat Classic

Aprecio y abrazo mi estilo único.

0 1 2 3 4 5 6 7 8 9

A B C D E F G H I J K L M

N O P Q R S T U V W X Y Z

a b c d e f g h i j k l m n o p q r s t u v w x y z

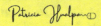

Nunito Sans

Aprecio y abrazo mi estilo único.
0 1 2 3 4 5 6 7 8 9
A B C D E F G H I J K L M
N O P Q R S T U V W X Y Z
a b c d e f g h i j k l m n o p q r s t u v w x y z

Open Sans

Aprecio y abrazo mi estilo único.
0 1 2 3 4 5 6 7 8 9
A B C D E F G H I J K L M
N O P Q R S T U V W X Y Z
a b c d e f g h i j k l m n o p q r s t u v w x y z

Peace Sans

Aprecio y abrazo mi estilo único.
0 1 2 3 4 5 6 7 8 9
A B C D E F G H I J K L M
N O P Q R S T U V W X Y Z
a b c d e f g h i j k l m n o p q r s t u v w x y z

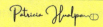

Poppins

Aprecio y abrazo mi estilo único.
0 1 2 3 4 5 6 7 8 9
A B C D E F G H I J K L M
N O P Q R S T U V W X Y Z
a b c d e f g h i j k l m n o p q r s t u v w x y z

Prosto

Aprecio y abrazo mi estilo único.
0 1 2 3 4 5 6 7 8 9
A B C D E F G H I J K L M
N O P Q R S T U V W X Y Z
a b c d e f g h i j k l m n o p q r s t u v w x y z

Quicksand

Aprecio y abrazo mi estilo único.
0 1 2 3 4 5 6 7 8 9
A B C D E F G H I J K L M
N O P Q R S T U V W X Y Z
a b c d e f g h i j k l m n o p q r s t u v w x y z

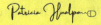

Raleway

Aprecio y abrazo mi estilo único.

0 1 2 3 4 5 6 7 8 9

A B C D E F G H I J K L M
N O P Q R S T U V W X Y Z

a b c d e f g h i j k l m n o p q r s t u v w x y z

Roboto

Aprecio y abrazo mi estilo único.

0 1 2 3 4 5 6 7 8 9

A B C D E F G H I J K L M

N O P Q R S T U V W X Y Z

a b c d e f g h i j k l m n o p q r s t u v w x y z

Rubik

Aprecio y abrazo mi estilo único.

0 1 2 3 4 5 6 7 8 9

A B C D E F G H I J K L M

N O P Q R S T U V W X Y Z

a b c d e f g h i j k l m n o p q r s t u v w x y z

Source Sans Pro

Aprecio y abrazo mi estilo único.
0 1 2 3 4 5 6 7 8 9
A B C D E F G H I J K L M
N O P Q R S T U V W X Y Z
a b c d e f g h i j k l m n o p q r s t u v w x y z

Squada One

Aprecio y abrazo mi estilo único.
0 1 2 3 4 5 6 7 8 9
A B C D E F G H I J K L M
N O P Q R S T U V W X Y Z
a b c d e f g h i j k l m n o p q r s t u v w x y z

Stinger

Aprecio y abrazo mi estilo único.
0 1 2 3 4 5 6 7 8 9
A B C D E F G H I J K L M
N O P Q R S T U V W X Y Z
a b c d e f g h i j k l m n o p q r s t u v w x y z

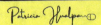

Tahoma

Aprecio y abrazo mi estilo único.
0 1 2 3 4 5 6 7 8 9
A B C D E F G H I J K L M
N O P Q R S T U V W X Y Z
a b c d e f g h i j k l m n o p q r s t u v w x y z

TS Damas Sans

Aprecio y abrazo mi estilo único.
0 1 2 3 4 5 6 7 8 9
A B C D E F G H I J K L M
N O P Q R S T U V W X Y Z
a b c d e f g h i j k l m n o p q r s t u v w x y z

TT Chocolates

Aprecio y abrazo mi estilo único.
0 1 2 3 4 5 6 7 8 9
A B C D E F G H I J K L M
N O P Q R S T U V W X Y Z
a b c d e f g h i j k l m n o p q r s t u v w x y z

TT Fors

Aprecio y abrazo mi estilo único.

0 1 2 3 4 5 6 7 8 9

A B C D E F G H I J K L M
N O P Q R S T U V W X Y Z

a b c d e f g h i j k l m n o p q r s t u v w x y z

Ubuntu

Aprecio y abrazo mi estilo único.

0 1 2 3 4 5 6 7 8 9

A B C D E F G H I J K L M

N O P Q R S T U V W X Y Z

a b c d e f g h i j k l m n o p q r s t u v w x y z

Wedges

APRECIO Y ABRAZO MI ESTILO ÚNICO.

0 1 2 3 4 5 6 7 8 9

A B C D E F G H I J K L M

N O P Q R S T U V W X Y Z

* No tiene tipografía en minúsculas.

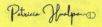

Yanonne Kaffeesatz

Aprecio y abrazo mi estilo único.

0 1 2 3 4 5 6 7 8 9

A B C D E F G H I J K L M

N O P Q R S T U V W X Y Z

a b c d e f g h i j k l m n o p q r s t u v w x y z

Zen Maru Gotic

Aprecio y abrazo mi estilo único.

0 1 2 3 4 5 6 7 8 9

A B C D E F G H I J K L M

N O P Q R S T U V W X Y Z

a b c d e f g h i j k l m n o p q r s t u v w x y z

Zico Sans

Aprecio y abrazo mi estilo único.

0 1 2 3 4 5 6 7 8 9

A B C D E F G H I J K L M

N O P Q R S T U V W X Y Z

a b c d e f g h i j k l m n o p q r s t u v w x y z

La Maruja Digital
LA MARUJA DIGITAL
Bienvenid@s al encuentro entre la vida cotidiana y la tecnología
www.lamarujadigital.com
5 TIPS PARA TRIUNFAR EN LA ERA DIGITAL

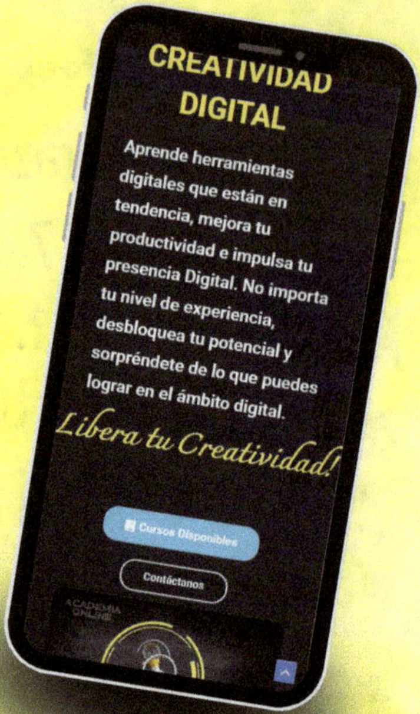
CREATIVIDAD DIGITAL
Aprende herramientas digitales que están en tendencia, mejora tu productividad e impulsa tu presencia Digital. No importa tu nivel de experiencia, desbloquea tu potencial y sorpréndete de lo que puedes lograr en el ámbito digital.
Libera tu Creatividad!
Cursos Disponibles
Contáctanos

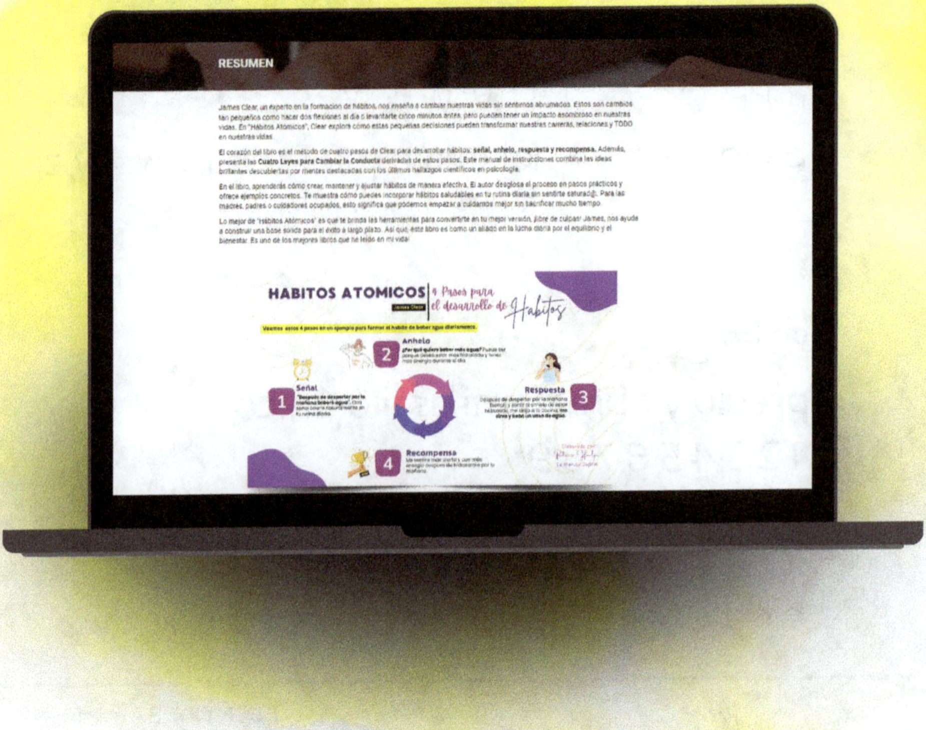
RESUMEN
HABITOS ATOMICOS
4 Pasos para el desarrollo de Hábitos
Anhelo
Señal
Respuesta
Recompensa
1
2
3
4

Fuentes para Educadores

Estas fuentes estan diseñadas específicamente para ser utilizadas en entornos educativos. Se caracterizan por su claridad y legibilidad, lo que las hace ideales para su uso en materiales didácticos, recursos educativos y actividades de enseñanza. Su diseño simple y sin adornos, con letras grandes y trazos rectos, facilita la lectura y comprensión de textos tanto para los educadores como para los estudiantes.

Muy **util para las madres o cuidadores** que deseen crear **materiales educativos con diseño infantil**, ya que este tipo de fuentes asegura que el contenido sea accesible y fácil de asimilar para los más pequeños.

Las fuentes para educadores son una herramienta versátil y valiosa para enriquecer el proceso de aprendizaje y la creatividad.

Antio

YO SOY UNA PERSONA ÚNICA.

0 1 2 3 4 5 6 7 8 9

A B C D E F G H I J K L M
N O P Q R S T U V W X Y Z

* No tiene letras minúsculas

Bakerie

Yo soy una persona única.

0 1 2 3 4 5 6 7 8 9

A B C D E F G H I J K L M
N O P Q R S T U V W X Y Z
a b c d e f g h i j k l m n o p q r s t u v w x y z

Black Bones

Yo soy una persona única.

0 1 2 3 4 5 6 7 8 9

A B C D E F G H I J K L M
N O P Q R S T U V W X Y Z
a b c d e f g h i j k l m n o p q r s t u v w x y z

Blueberry

Yo soy una Persona única.

0123456789

ABCDEFGHIJKLM
NOPQRSTUVWXYZ

abcdefghijklmnopqrstuvwxyz

Brydan Write

Yo soy una persona única.

0 1 2 3 4 5 6 7 8 9

A B C D E F G H I J K L M
N O P Q R S T U V W X Y Z

a b c d e f g h i j k l m n o p q r s t u v w x y z

Bubblebody Neue

Yo soy una persona única.

0 1 2 3 4 5 6 7 8 9

A B C D E F G H I J K L M

N O P Q R S T U V W X Y Z

a b c d e f g h i j k l m n o p q r s t u v w x y z

Canva Student Font

Yo soy una persona unica.

0 1 2 3 4 5 6 7 8 9

A B C D E F G H I J K L M

N O P Q R S T U V W X Y Z

a b c d e f g h i j k l m n o p q r s t u v w x y z

Childos Arabic

Yo soy una persona única.

0 1 2 3 4 5 6 7 8 9

A B C D E F G H I J K L M

N O P Q R S T U V W X Y Z

a b c d e f g h i j k l m n o p q r s t u v w x y z

Coming Soon

Yo soy una persona única.

0 1 2 3 4 5 6 7 8 9

A B C D E F G H I J K L M

N O P Q R S T U V W X Y Z

a b c d e f g h i j k l m n o p q r s t u v w x y z

Dreaming Outloud Script

Yo soy una persona única.

0 1 2 3 4 5 6 7 8 9

A B C D E F G H I J K L M

N O P Q R S T U V W X Y Z

a b c d e f g h i j k l m n o p q r s t u v w x y z

Finger Paint

Yo soy una persona única.

0 1 2 3 4 5 6 7 8 9

A B C D E F G H I J K L M

N O P Q R S T U V W X Y Z

a b c d e f g h i j k l m n o p q r s t u v w x y z

Freckle Face

Yo soy una persona única.

0 1 2 3 4 5 6 7 8 9

A B C D E F G H I J K L M

N O P Q R S T U V W X Y Z

a b c d e f g h i j k l m n o p q r s t u v w x y z

Gliker

Yo soy una persona única.

0 1 2 3 4 5 6 7 8 9

A B C D E F G H I J K L M
N O P Q R S T U V W X Y Z

a b c d e f g h i j k l m n o p q r s t u v w x y z

Halimum

Yo soy una persona única.

0 1 2 3 4 5 6 7 8 9

A B C D E F G H I J K L M
N O P Q R S T U V W X Y Z

a b c d e f g h i j k l m n o p q r s t u v w x y z

Hangyaboly

Yo soy una persona única.

0 1 2 3 4 5 6 7 8 9

A B C D E F G H I J K L M
N O P Q R S T U V W X Y Z

a b c d e f g h i j k l m n o p q r s t u v w x y z

Homemade Apple

Yo soy una persona única.
0 1 2 3 4 5 6 7 8 9
A B C D E F G H I J K L M
N O P Q R S T U V W X Y Z
a b c d e f g h i j k l m n o p q r s t u v w x y z

IreneFlotentina

Yo soy una persona única.
0 1 2 3 4 5 6 7 8 9
A B C D E F G H I J K L M
N O P Q R S T U V W X Y Z
a b c d e f g h i j k l m n o p q r s t u v w x y z

KG Primary Dots

Yo soy una persona única.
0 1 2 3 4 5 6 7 8 9
A B C D E F G H I J K L M
N O P Q R S T U V W X Y Z
a b c d e f g h i j k l m n o p q r s t u v w x y z

KG Primary Dots Lined

Yo soy una persona única.

0 1 2 3 4 5 6 7 8 9

A B C D E F G H I J K L M

N O P Q R S T U V W X Y Z

a b c d e f g h i j k l m n o p q r s t u v w x y z

KG Primary Penmanship L

Yo soy una persona única.

0 1 2 3 4 5 6 7 8 9

A B C D E F G H I J K L M

N O P Q R S T U V W X Y Z

a b c d e f g h i j k l m n o p q r s t u v w x y z

Le Petit Cochon

Yo soy una persona única.

0 1 2 3 4 5 6 7 8 9

A B C D E F G H I J K L M

N O P Q R S T U V W X Y Z

a b c d e f g h i j k l m n o p q r s t u v w x y z

Lemonade Display

yo soy una persona única.

0 1 2 3 4 5 6 7 8 9

a b c d e f g h i j k l m

n o p q r s t u v w x y z

a b c d e f g h i j k l m n o p q r s t u v w x y z

Lovely

Yo soy una persona única.

0 1 2 3 4 5 6 7 8 9

A B C D E F G H I J K L M

N O P Q R S T U V W X Y Z

a b c d e f g h i j k l m n o p q r s t u v w x y z

Lumios Marker

Yo soy una persona única.

0 1 2 3 4 5 6 7 8 9

A B C D E F G H I J K L M

N O P Q R S T U V W X Y Z

a b c d e f g h i j k l m n o p q r s t u v w x y z

Mansalva

Yo soy una persona única.

0 1 2 3 4 5 6 7 8 9

A B C D E F G H I J K L M
N O P Q R S T U V W X Y Z

a b c d e f g h i j k l m n o p q r s t u v w x y z

More Sugar

Yo soy una persona única.

0 1 2 3 4 5 6 7 8 9

A B C D E F G H I J K L M

N O P Q R S T U V W X Y Z

a b c d e f g h i j k l m n o p q r s t u v w x y z

Permanent Marker

YO SOY UNA PERSONA ÚNICA.

0 1 2 3 4 5 6 7 8 9

A B C D E F G H I J K L M
N O P Q R S T U V W X Y Z

A B C D E F G H I J K L M N O P Q R S T U V W X Y Z

Pluma

YO SOY UNA PERSONA ÚNICA.

0 1 2 3 4 5 6 7 8 9

A B C D E F G H I J K L M
N O P Q R S T U V W X Y Z

* No tiene letras minúsculas

Schoolbell

Yo soy una persona única.

0 1 2 3 4 5 6 7 8 9

A B C D E F G H I J K L M
N O P Q R S T U V W X Y Z

a b c d e f g h i j k l m n o p q r s t u v w x y z

Some Time Later

Yo soy una persona única.

0 1 2 3 4 5 6 7 8 9

A B C D E F G H i J K L M
N O P Q R S T U V W X Y Z

a b c d e f g h i j k l m n o p q r s t u v w x y z

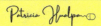

Sue Ellen Francisco

Yo soy una persona única.

0 1 2 3 4 5 6 7 8 9

A B C D E F G H I J K L M

N O P Q R S T U V W X Y Z

a b c d e f g h i j k l m n o p q r s t u v w x y z

Shuneet Square

Yo soy una persona unica.

0 1 2 3 4 5 6 7 8 9

A B C D E F G H I J K L M

N O P Q R S T U V W X Y Z

a b c d e f g h i j k l m n o p q r s t u v w x y z

Tallow Regular

YO SOY UNA PERSONA ÚNICA.

0123456789

A B C D E F G H I J K L M

N O P Q R S T U V W X Y Z

A B C D E F G H I J K L M N O P Q R S T U V W X Y Z

Combinaciones de Fuentes

Es esencial combinar con cuidado las fuentes en nuestros diseños de publicidad, páginas web y textos de libros; por una razón fundamental: las fuentes desempeñan un papel crucial en la comunicación visual.

La elección adecuada de fuentes puede afectar significativamente cómo se percibe y se procesa la información por parte de la audiencia.

Cuando combinamos fuentes con sensibilidad, podemos mejorar la legibilidad, transmitir la personalidad de la marca o el mensaje que deseamos expresar y, en última instancia, elevar la calidad estética de nuestros diseños.

He seleccionado cuidadosamente las combinaciones de letras que presento, con el propósito de ofrecerte una guía útil y práctica.

Abril Fatface **AILERON BLACK**	**ALATA** Cardo
ALTA amita	Amsterdam Two ALATA
Angelina CARDO	Angella White AILERON
ANTONIO BOLD Stolen Love	**BARRIECITO** OVO
BEBAS NEUE Lemon Tuesday	Better Saturday Poppins
Black Mango Garet	**Bodoni FLF** RALEWAY
Bree Serif The Youngest Serif	**Bright Retro** Hero
Bright Retro Manjari	Brilliant Signature 3 Poppins
BROWN SUGAR GLACIAL INDIFFERENCE	**Brusher** **QUICKSAND BOLD**

Callem RoxboroughCF	CINZEL GLACIAL INDIFFERENCE
chewy LEAGUE SPARTAN	CRUSHED Glacial Indifference
Dancing Script ABHAYA LIBRE	Daydream POPPIS
Dream Avenue ANDIKA	DONAU TT Lovelies Script
Flatory Serif GLACIAL INDIFFERENCE	Fredoka One GLACIAL INDIFFERENCE
FORUM Josefin Sans	Forum FUTURA
FRUNCHY SAGE Andika	Galada OPEN SANS CONDENSED
Genty Century Gotic	Giaza Ovo
Gistesy Alata	Gistesy COPPERPLATE GOTHIC 29 AB

Gochi Hand Now Regular	Halimum Josefin Slab
HAMMERSMITH ONE Playfair Display	Hatton Bold Montserrat Classic
Hello January Safira March	Hussar Bold Themysion
JOSEFIN SANS Source Sans Pro	Klemer Display FB KLULOT
Kollektif ROBOTO	LEAGUE GOTIC Gistesy
LEAGUE GOTIC Themysion	LE JOUR SERIF Hero
LEAGUE SPARTAN Brittany	LEAGUE SPARTAN Sanchez
Lemon Tuesday Aileron	LIBRE BASKERVILLE Montserrat
Limelight GLACIAL INDIFFERENCE	Loubag AWESOME LATHUSCA

Lovelace Quicksand	LOVELO Gistesy
LOVELO Montserrat	Lovera Life Savers
LUCKY BONES Martel Sans	NECTARINE Open Sans
Niconne MONTSERRAT	Nove TT Lovelies Script
Merriweather Raleway	MOLENILO Lato
MONTAGNA TT Lovelies	MONTERCHI Glacial Indifference
ORANIENBAUM DIDACTIC GOTHIC	OSWALD Montserrat Classic
Pacifico LIVVIC	PEACE SANS Lemon Tuesday
Playfair Display OSWALD	*Playlist Script* AILERON BLACK

Playlist Script HUSSARBOLD	Ponu Club MONTSERRAT
POPPINS Lora	QUANDO CINZEL
Quinteesential GARAMOND	RALEWAY BLACK Brilliant Signature 3
ROBOTO CONDENSED Gistesy	TAN Astoria DONAU
TAN Mon Cheri OPEN SANS	TAN Mon Cheri Calmius Sans Low
TAN Tangkiwood Brittany	The Youngest Script Open Sans
Sacramento MONTSERRAT CLASSIC	Safira March Moontime
Sansita Santiphap	SAN DIEGO Dream Avenue
Selima GLACIAL INDIFFERENCE	SIX CUPS LEAGUE SPARTAN

SQUADA ONE JOSEFIN SANS	Stars & Love Lato
ST TITAN Frunchy Sage	SUGO DISPLAY GRUPPO
TRUE TYPEWRITER Halimum	Vidaloka Open Sans
Vitual TT Fors	Vollkorn Cursiva POPPINS
WEDGES HERO	Yellowtail Glacial Indifference

Qué estoy leyendo?
Visualización Creativa
Shaki Gawain
Editorial Sirio
212 páginas
Año 2000
VISUALIZACIÓN
CREATIVA
altamente recomendado!
@lamarujadigital

www.lamarujadigital.com
HAZ UNA
PAUSA
VIVE TUS MOMENTOS
Y DECIDE SER
feliz
@lamarujadigital

GRACIAS
POR LLEGAR HASTA AQUI
Siembra Amor
Comparte tu Opinión
Difunde la información
Conserva este contenido
@lamarujadigital

Afirmación
Dejo atrás mis viejas creencias negativas. Las nuevas me serán más útiles.
Louise Hay
@elpoderdelserlat

AYUDA A SALVAR LA
tierra
Apaga las luces que no uses
Planta un árbol o cuida de uno
Toma duchas rápidas
Reduce
Reusa
Recicla
5 TIPS

Fuentes en la Web

He compilado una lista cuidadosamente seleccionada de sitios web donde puedes encontrar y descargar fuentes tipográficas de forma **gratuita**.

Estas plataformas ofrecen una amplia variedad de estilos y diseños que se adaptan a cualquier proyecto que puedas imaginar. Desde fuentes modernas y elegantes hasta las más audaces y creativas.

Si eres un educador que necesita fuentes escolares o una madre o padre que desea dar vida a proyectos creativos con un toque infantil, estas páginas web te proporcionarán un mundo de opciones.

Si eres usuario de Canva Free, entonces es posible que no le veas gran utilidad a estos sitios web; sin embargo para que consigas destacar tus publicaciones utilizando fuentes que otros no utilizan, te recomiendo que busques fuentes en las páginas que te alcanzo, lo instales en tu computadora y puedes trabajar tu logo, tu firma, el titulo de una publicación, y demás, desde algun programa que te sea fácil utilizar: Paint, Word o Power Point. Luego puedes hacer una captura de pantalla y te aseguras de pegarlo en Paint para guardarlo como una imagen PNG.
Una vez guardado puedes ir a Remove.bg quitarle el fondo y subirlo a Canva.

Instalar una fuente en la computadora con Windows es muy sencillo. Sigue estos simples pasos:

1. Descarga la fuente: Comienza descargando la fuente que deseas instalar. Por lo general, las fuentes se descargan en formato ZIP.
2. Extrae la fuente: Haz doble clic en el archivo ZIP descargado para abrirlo. Luego, selecciona la fuente (archivo con extensión .ttf o .otf) y cópiala.
3. Instala la fuente: Abre el Panel de Control en tu computadora. Puedes hacer esto escribiendo "Panel de Control" en la barra de búsqueda de Windows.
4. Accede a Fuentes: En el Panel de Control, busca la opción "Fuentes" o "Fonts" y haz clic en ella.
5. Pega la fuente: En la ventana de Fuentes, pega la fuente que copiaste en el paso 2. Simplemente, haz clic derecho en un espacio en blanco dentro de la carpeta de Fuentes y selecciona "Pegar".
6. Confirma la instalación: Windows instalará automáticamente la fuente. En unos segundos, debería aparecer en la lista de fuentes disponibles en tu computadora.

Lo que sigue a continuación es una lista de las páginas web más reconocidas para que puedas descargar fuentes de manera gratuita.

1001 Fonts

https://www.1001fonts.com/

La página facilita la búsqueda y selección de fuentes gracias a su organización por categorías y etiquetas. Además de la descarga gratuita, 1001 Fonts también ofrece opciones premium para aquellos que buscan una mayor variedad de fuentes y funcionalidades.

Antonio Rodriguez Jr

http://antoniorodriguesjr.com/fonts.html

Lo especial de esta página es la generosidad de compartir fuentes de alta calidad de manera gratuita, lo que beneficia a diseñadores y creativos que buscan tipografías excepcionales para sus proyectos.

Atipo Foundry

https://www.atipofoundry.com/

Ofrece una selección de fuentes tipográficas premium que podemos adquirir para proyectos de diseño gráfico, impresión, y web. El sitio proporciona detalles completos sobre cada fuente, incluyendo ejemplos visuales y consejos de uso, lo que lo convierte en una herramienta esencial para aquellos que buscamos tipografía excepcional y profesional en nuestos proyectos creativos.

CreativeBooster

https://creativebooster.net/collections/free-fonts-hosted

Esta web ofrece una cuidadosa selección de fuentes que cubren una amplia gama de estilos y estéticas, tienen un compromiso notable con la calidad, asegurando que cada fuente ofrecida cumpla con estándares de diseño excepcionales. Además, proporciona enlaces directos para la descarga, facilitando el acceso a estas valiosas herramientas tipográficas.

Dafont.com

https://www.dafont.com/

En esta plataforma podemos explorar diferentes estilos de fuentes y descargarlas para utilizar en proyectos de diseño, escolares y más. También permite previsualizar cómo se verá el texto con la fuente elegida.

Ffonts

https://www.ffonts.net/

Ofrece una amplia colección de fuentes tipográficas gratuitas. Una característica notable de esta página es su organización clara y sencilla, que facilita la búsqueda y descarga de fuentes específicas. Además, ofrece información sobre la licencia de uso de cada fuente, lo que brinda claridad sobre cómo se pueden utilizar en proyectos profesionales.

FGD Designers

https://fgdesigners.sellfy.store/typography/

La diversidad de estilos tipográficos que proporciona, nos permite explorar una amplia gama de opciones para nuestros proyectos de diseño gráfico. Estando alojada en Sellfy, la mayoría de fuentes que ofrece son pago, sin embargo puedes encontrar varias fuentes para descargar de manera gratuita.

FontFabric

fontfabric

https://www.fontfabric.com/free-fonts/

Esta web proporciona acceso a una colección de fuentes tipográficas de alta calidad, además ofrece opciones de previsualización y detalles de uso que facilitan la selección y el aprovechamiento de estas fuentes en proyectos creativos.

Font Joy

https://fontjoy.com/

Nos ayuda a encontrar combinaciones de fuentes tipográficas armoniosas. Podemos experimentar con diferentes fuentes y ajustar la configuración para lograr una combinación visualmente atractiva. Fontjoy genera sugerencias de pares de fuentes que se complementan entre sí y se pueden utilizar en proyectos de diseño gráfico, sitios web y más.

Font Meme

https://fontmeme.com/

Nos permite generar texto personalizado utilizando una amplia variedad de fuentes de películas.
Esta plataforma es especialmente útil para crear logotipos, letreros, imágenes con texto decorativo y diseños visuales únicos de manera rápida y sencilla.

Font Squirrel

https://www.fontsquirrel.com/

Podemos explorar una amplia variedad de fuentes, desde estilos clásicos hasta opciones modernas y creativas. Fontsquirrel es especialmente útil si deseamo acceder a fuentes premium sin costo. La plataforma ofrece herramientas para personalizar y adaptar las fuentes a proyectos específicos.

Fontm

https://www.fontm.com/

FontM ofrece una experiencia de navegación intuitiva y amigable, facilitando la exploración y selección de fuentes. También proporciona opciones para comprar licencias de fuentes premium, lo que la convierte en un recurso completo y versátil.

Fontspring

https://www.fontspring.com/free

En esta web podemos encontrar una amplia variedad de fuentes tipográficas gratuitas de alta calidad, que abarcan una amplia gama de estilos, desde clásicos hasta contemporáneos. Estas fuentes se pueden usar en cualquier proyecto creativo, sin necesidad de pagar una licencia.

Free Design Resources

https://freedesignresources.net/category/free-fonts/

La página web cuenta con una amplia colección de fuentes de diseñadores de renombre mundial. Otra característica destacada es su facilidad de uso. La página web está diseñada de forma intuitiva y fácil de navegar.

Google Fonts

https://fonts.google.com/

Google ofrece una amplia biblioteca de fuentes de código abierto. Su interfaz es fácil de usar y ofrece una amplia variedad de fuentes de alta calidad, que abarcan una amplia gama de estilos, todas de descarga gratuita.

Hello Font

https://www.hellofont.com/

Hellofont es una plataforma que ofrece una variedad de fuentes tipográficas, tanto gratuitas como de pago. Se pueden previsualizar y descargar estas fuentes. También proporciona información detallada sobre cada fuente.

Huerta Tipografica

https://www.huertatipografica.com/es

La Huerta Tipográfica es un proyecto de experimentación, colaboración y desarrollo tipográfico fundado en Argentina en 2009. Está organizada de forma intuitiva por categorías, como "Serif", "Sans Serif", "Display" y "Script". También puedes buscar fuentes por nombre o por autor.

Jeremy Vessey

https://www.jeremyvessey.com/free-fonts

Jeremy Vessey ofrece una selección cuidadosamente curada de fuentes tipográficas de alta calidad que pueden ser descargadas sin costo alguno. La página web está bien organizada, lo que facilita la búsqueda y descarga de las fuentes deseadas. Jeremy Vessey también ofrece opciones de compra para versiones premium de algunas fuentes, lo que brinda flexibilidad a los diseñadores que buscan características adicionales o licencias comerciales.

K-Type

http://www.k-type.com/font-category/free-fonts/

Es una web confiable y respetada de fuentes tipográficas gratuitas. Una característica de esta página es la calidad y originalidad de las fuentes que ofrece. Su organización permite una fácil navegación y búsqueda de fuentes específicas. También proporciona detalles sobre las fuentes, incluyendo ejemplos visuales y descripciones detalladas, lo que facilita su selección y uso en proyectos profesionales.

Pixel Buddha

https://pixelbuddha.net/fonts/bellico-typedace-free-font-download

PixelBuddha ofrece una amplia selección de fuentes de alta calidad que cubren una variedad de estilos y estéticas, proporcionando una rica paleta de opciones para sus proyectos de diseño gráfico. La diversidad y calidad de las fuentes ofrecidas son una característica destacada de esta web, así como la organización eficiente que nos permite explorar y seleccionar fuentes específicas según nuestras necesidades. Cada fuente viene acompañada de detalles y ejemplos visuales.

TipoType

https://tipotype.com/free/

Además de la descarga gratuita de fuentes, Tipotype proporciona información detallada sobre el uso y la licencia de cada fuente, lo que facilita su integración en proyectos profesionales.

What Font is

https://www.whatfontis.com/all-fonts.html

Esta web es un recurso excepcional que pone a disposición una amplia variedad de tipografías gratuitas. Lo sobresaliente de este sitio reside en su extensa colección, que engloba un diverso espectro de estilos y diseños tipográficos. Dicha diversidad nos otorga una paleta amplia de alternativas para nuestros proyectos.

Seguro te ha pasado más de una vez: encuentras una fuente impactante en un libro, una revista, un sitio web o incluso en un logo famoso, y te preguntas cómo se llama dicha fuente. Quieres esa fuente para tus propios proyectos, ¿verdad? Ahora podrás acceder a páginas web mágicas, que pueden identificar esa fuente a partir de una simple imagen.

Todas las herramientas que te alcanzaré a continuación funcionan de manera similar. Básicamente debes subir la imagen del post, libro, página web u otro material del cual quieras averiguar el tipo de fuente, luego dar click en la opción de encontrar la fuente o "Find the font". En algunos casos hay que seguir algunos pasos que se te va indicando y en pocos segundos tendrás el nombre de la fuente que deseas y podrás descargarla, muchas veces, de estas mismas páginas.

Estas herramientas harán que encontrar tus fuentes deseadas sea más fácil que nunca. De seguro que te será muy útil y te ahorraran muchísimo tiempo.

Font Matcherator

FONT MATCHERATOR

https://www.fontspring.com/matcherator

Font Identifier

FONT IDENTIFIER
Powered by the Fontspring Matcherator

https://www.fontsquirrel.com/matcherator

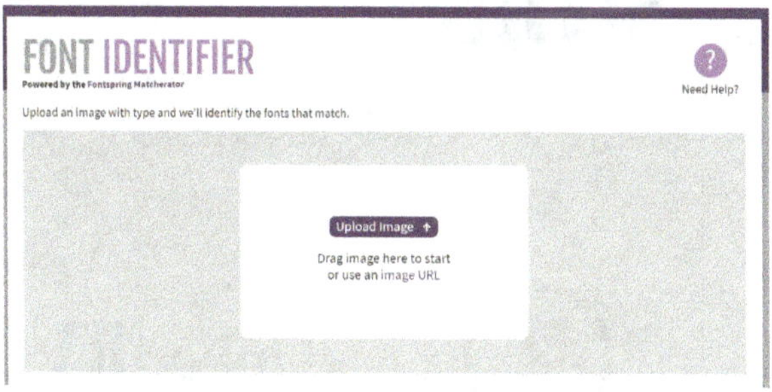

What Font is

What Font is.com

https://www.whatfontis.com/all-fonts.html

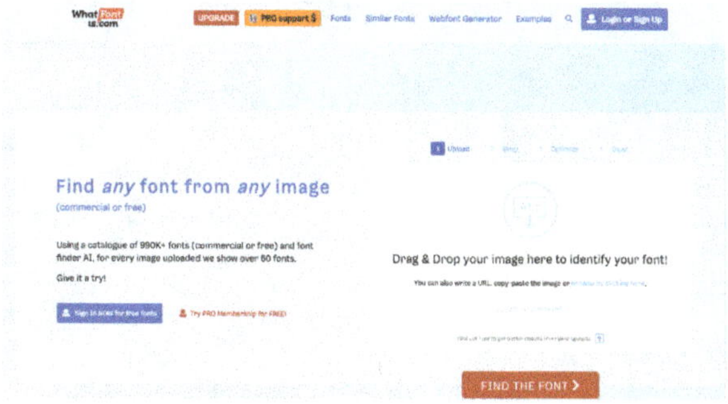

Font in Logo

https://www.fontinlogo.com/

En esta web puedes descubrir el nombre de la fuente que utilizan las marcas más reconocidas.

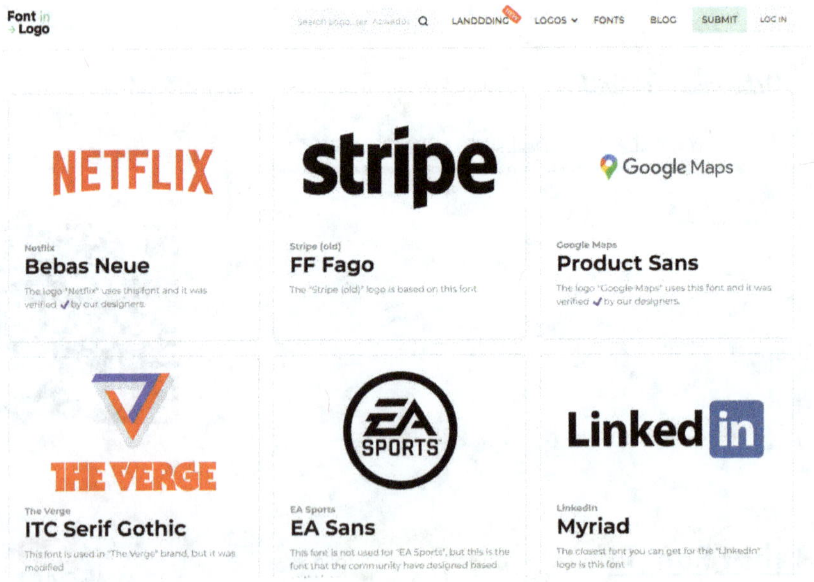

Acerca de la Autora

Patricia Hualpa es peruana, radicada en Rumania. Se graduó de la Universidad Nacional Mayor de San Marcos con un título en Licenciada en Estadística, y trabajó como asistente de investigación en la Facultad de Ciencias Contables. Patricia también maneja la web llamada La Maruja Digital, donde comparte su experiencia como madre, sus gustos personales por la lectura y la tecnología. Es CEO de la Academia online "Creatividad Digital".

Patricia es una amante de la tecnología digital y, disfruta aprendiendo y compartiendo sus conocimientos sobre herramientas digitales. Hace más de tres años, se embarcó en un apasionante viaje con Canva, utilizando esta herramienta para crear sus propios diseños.

Su pasión por el aprendizaje y la enseñanza le han llevado a escribir el libro "Inteligencia Artificial para Autores de No Ficción" y ahora la guía llamada "Libera tu Creatividad con Canva: Mostrario de Fuentes", en el que lista y muestra las mejores tipografías gratuitas de Canva a fin que el usuario de esta plataforma pueda fácilmente encontrar el tipo de letra que desee utilizar.

Si deseas conectarte con Patricia, puedes hacerlo a través de su página web y sus redes sociales: @lamarujadigital. Ella estará encantada de compartir contigo sus conocimientos y experiencias en el mundo de la tecnología digital.

Obtén la Versión PDF Gratis

¡Gracias por adquirir la versión impresa de mi libro! Valoro tu apoyo a mi trabajo.

Para que puedas disfrutar también de la versión digital, te ofrezco la oportunidad de descargar el PDF de forma gratuita. Descarga el PDF y disfruta de la versión digital en tus dispositivos.

Si tienes alguna pregunta o necesitas asistencia, no dudes en contactarnos a través de nuestro sitio web: www.lamarujadigital.com

¡Espero que disfrutes de ambas versiones de mi libro!

www.ingramcontent.com/pod-product-compliance
Lightning Source LLC
LaVergne TN
LVHW051734050326
832903LV00023B/916

* 9 7 9 8 8 6 3 9 7 6 1 9 8 *